LARGE TYPE
WORD SEARCH PUZZLES
ABOUT THE
1950s

Fully Researched

Entertaining, Challenging, and

Easy on the Eyes

By
Jenny Patterson
&
Puzzler

Introduction

1950s Large Type Word Search

Hula Hoops, Poodle Skirts, Beatniks, Elvis, and Einstein: we could keep going. The nineteen-fifties were anything but forgettable.

In this Word Search puzzle book, we attempt to bring you back to that time through a series of researched puzzles. If you lived it, then a lot of these references to foods, bands, now defunct stores and more will make you smile. Even if you didn't live through the fifties, you'll be surprised at how many current trends popular now started back then.

Word Search Rules

The puzzles in this book are in the classic word search format. The words listed at the bottom of the page are hidden in the grid above. You will find them in unbroken lines - backwards or forwards, vertically, horizontally or on the diagonal. Words can overlap and share letters.

Highlight or circle each word you find and cross it off on the list.

We've made our puzzles in large type to make them easier on the eyes. Even our solutions are in an easy-to-read format with only two answer keys per page.

Each puzzle in this "word find" book has a theme related to the 1950's and hopefully will bring back some great memories or teach you about a decade that changed history.

So, sit back and relax with these enjoyable and challenging puzzles.

Happy searching!

Table of Contents

Clothes and Fashion
Covers of Time Magazine
The Olympics (1952)
The Olympics (1956)
Life Magazine Covers
Bestselling Authors of the Decade
Popular Toys
Celebrity Deaths
Daytime Television
Most-watched Television
Popular TV Actors and Actresses
Baby Names (Girls)
TV Shows of the 1950's
Emmy Winners
Academy Award Winners
Events and People of 1950
Events and People of 1951
Events and People of 1952
Events and People of 1953
Events and People of 1954
Events and People of 1955
Events and People of 1956
Events and People of 1957
Events and People of 1958
Events and People of 1959
Politics of The Decade
Major Events of The Decade
Tony Award Winners
Popular Family Cars
Singers of the 1950's
Music Groups of the 1950's

Baseball Players in the 50s
Movies
Inventions from the 1950's
Artists of the Fifties (Famous and Famous to Be)
Movie Stars #1
Baseball Teams
Movie Stars #2
Luxury Cars of the Fifties
Styles and Styling (Skirts, Coats, and Dresses)
Inventions, and Discoveries
Shopping in the 1950's
Advertised Brands
More Popular Brands
Flowers and Gardens
It's a Boy! Popular Baby Names for Boys
Fifties Basketball
Popular Games and Sports
Cars Popular in the 1950's
Some 1950s Slang
People in the News
1950s Slang
Toys
People of Broadway
More 1950's Slang
More Toys of the 1950's
Noteworthy Happenings
Celebrities
Favorite Foods
Celebrity Births

CLOTHES AND FASHION

```
S W E A T E R S R P O O F Y T
L E G G I N G S J S W B V A A
E F B C S C H A N E L H R X P
E L E A T H U A E P D B U G E
V I R R R I D L P I T D I O R
E P M D A F C S H E A T H S E
L F U I P F W B L R V C S T D
E L D G P O K L J P N T F I E
S O A A Y N U S R U E K D L P
S P I N K B G L Q M C E D E T
C H R I S T I A N P K O C T W
E S H O R T S C T I O Q H T Y
C P L E A T S K P P B C I O N
Q O C H E C K S G H H A N Q H
P E E P T O E B A B Y D O L L
```

BABY DOLL   BERMUDA   BULLET BRA   CARDIGAN
CHANEL   CHECKS   CHIFFON   CHINO
CHRISTIAN   DIOR   FLIP FLOP   LEGGINGS
PEEP TOE   PLEATS   POLO   POODLE
POOFY   PUMP   SHEATH   SHORTS
SLACKS   SLEEVELESS SPIKED   STILETTO
STRAPPY   SWEATERS   TAPERED   VNECK

TIME MAGAZINE COVERS

```
S I N A T R A T N I X O N E K
T L K H R U S H C H E V N T N
G L C E L L I N G T O N O H L
R W O C N P I C A S S O V U J
O C C A I N H O M P G E A R E
U T A S I E E Y O A Y V K B V
C R C T L C H D M A N T L E A
H U O R I T T H Y V S R E R P
O M L O R R L D S U T C M J E
M A A A A K U D R L A W O O R
D N C G Y E K H I P L A N H O
M C O T R Y E O S S I R R N N
M B T F J N T I F P N R O S E
H E M I N G W A Y I Z E E O B
G M A C A R T H U R L N Y N G
```

BOGART	CASTRO	COCACOLA	DISNEY
ELLINGTON	EVA PERON	FREUD	GETTY
GROUCHO	HEMINGWAY	JOHNSON	KENNEDY
KHRUSHCHEV	MACARTHUR	MANTLE	MCCARTHY
MONROE	NEHRU	NIXON	NOVAK
OIL	PICASSO	SINATRA	SPACE
STALIN	THURBER	TRUMAN	WARREN

THE OLYMPICS 1952

```
K E N H E N R Y J A C K S O N
T M P U H S O S U F C O X W X
W H I T E E S R V M S M Z I B
O S G F L T L S I N E S S N R
Y S U R A Z O S E C K W J T O
A R R M W G A V I L H Y F E O
K K E R R E A E A N V A T R K
A P V E H W F O A K P R B S
W W I A N E M O O R E I P D T
A Y C D C B B U T T O N A A S
O O H K E D I L L A R D G V U
M U R I R G M S E W A R T I M
J N W N A L T W E G G R F E M
R G E S A N D E R S W C N S E
B A R A N B I F F L E N O K R
```

ADKINS	ALTWEGG	BARAN	BIFFLE
BROOKS	BUTTON	COX	DAVIES
DILLARD	FALK	GUREVICH	HAVENS
HELSINKI	INESS	JACKSON	KENHENRY
LAWRENCE	LEE	MOORE	OSLO
OYAKAWA	RICHARDS	SANDERS	SEWART
SUMMER	WHITE	WINTER	YOUNG

THE OLYMPICS 1956

```
U G I J R C U T H B E R T C H
H R B Y O R I C H A R D S O E
D I V L O E R T E R E K H N N
W N L A K K I S H S O O E N R
M H B L A S S N O I B N E O I
B A E B C S G R C W J O N L C
A M R R O S F N L A Z O I L K
K T G I U J I W E L D O N Y S
E Z E G R V Y Z B S F L Q E X
R A R H T P Y O B H L E W L S
J V M T N W L C R L M U A H P
R U S S E L L V E Z B A C F I
I T A L Y Z X B Q T Y N N Y Q
N C A L H O U N J E N K I N S
F R A S E R I Q M O R R O W L
```

ALBRIGHT	BAKER	BELL	BERGER
CALHOUN	CONNOLLY	COURTNEY	CUTHBERT
FRASER	GRINHAM	HENRICKS	HILL
ITALY	JENKINS	JONES	KONO
MANN	MORROW	OERTER	RICHARDS
ROOK	ROSE	RUSSELL	SHEEN
VINCI	WALSH	WELDON	YORZYK

LIFE MAGAZINE COVERS

```
F O R M O S A M O N R O E V A
M A R I L Y N O E N H T E M D
R F A P N L A D D D G G N A I
N B S E I S E N H O W E R R E
H A R N A Z C Y X E B Y H L T
O O T A D G K K G J P B N E R
L U S S K I E R S N A B G N I
D E V A G A B O R G I C U E C
E J B I S O P H I A R X K R H
N R O B I N S O N A F A O I N
A M O N T A N D L D M H B N E
C H U R C H I L L L Z E O L N
M C U R U S S E L L O K R U E
H O P A L O N G H B O M B C J
C A S T R O M A R S H A C Y Y
```

APOLLO	ARNAZ	CASTRO	CHURCHILL
DIETRICH	ED WYNN	EISENHOWER	EVA GABOR
FORMOSA	GRABLE	HBOMB	HEPBURN
HOLDEN	HOPALONG	JACKIE	LOREN
LUCY	MARILYN	MARLENE	MARSHA
MERCY	MONROE	MONTAND	NIXON
ROBINSON	RUSSELL	SOPHIA	US SKIERS

BESTSELLING AUTHORS OF THE DECADE

```
S A L I N G E R E B W H I T E
W O U K C L H I G H S M I T H
U R I S H H C G R A S S C O H
F P B E R E A S I M O V A W E
L N A U I I P N V L G Q M L M
E I L S S N O W D J R E U C I
M T D S T L T R S L E R T G N
I H W N I E E B Q Z E L T I G
N W I P E I R S V V N R R N W
G H N O M N U N E S E I O S A
W I L L I A M S A U O S I B Y
S T E I N B E C K K I W G E J
L E T C L A R K E L E U L R V
B E C K E T T L L L H N I G N
D U M A U R I E R M I L L E R
```

ASIMOV	BALDWIN	BECKETT	CAMUT
CAPOTE	CHANDLER	CHRISTIE	CLARKE
DUMAURIER	EBWHITE	ELLISON	FLEMING
GINSBERG	GRASS	GREENE	HEINLEIN
HEMINGWAY	HIGHSMITH	LEWIS	MILLER
PASTERNAK	SALINGER	SEUSS	STEINBECK
THWHITE	URIS	WILLIAMS	WOUK

POPULAR TOYS

```
L  F  R  I  S  B  E  E  Y  B  N  R  Z  S  Y
J  I  A  P  V  T  O  N  K  A  E  T  I  A  R
E  I  O  R  P  O  G  O  S  T  I  C  K  E  V
M  T  B  H  M  A  T  H  S  N  F  G  P  Q  N
A  R  A  Q  P  Y  C  A  F  S  M  P  Q  E  F
T  Q  R  Z  X  L  M  C  T  D  O  M  V  Z  M
C  T  B  X  Q  W  A  E  O  P  U  O  L  U  I
H  G  I  G  E  K  X  Y  N  R  Y  S  U  H  C
B  C  E  I  Y  H  Q  R  D  A  D  C  W  I  X
O  L  V  L  M  T  O  Y  L  O  A  I  Y  J  T
X  G  H  B  J  C  O  P  N  V  H  Z  O  B  R
C  U  F  E  B  T  R  S  L  I  N  K  Y  N  A
A  M  E  R  E  C  T  O  R  S  E  T  S  W  I
R  B  P  T  C  I  R  C  U  S  S  E  T  B  N
S  Y  C  O  L  O  R  F  O  R  M  S  Z  G  S
```

ACCORDION	ARMY MEN	BARBIE
CIRCUS SET	COLORFORMS	CORN POPPER
ERECTOR SETS	FRISBEE	GILBERT
GUMBY	MATCHBOX CARS	PLAY OVEN
PLAYDOH	POGO STICK	SLINKY
TONKA	TOPS	TOY DRUM
TRAINS	VACUUM	VIEW MASTER

CELEBRITY DEATHS

```
G R E E N S T R E E T O Q I S
B U R R O U G H S B Z F X A N
W H D E M I L L E R C A F I C
C E I N S T E I N I O E L F A
G H J O L S O N B C S A Y B V
Z Q G D A O H R R E T G N A A
H U S T O N C O E S E D N R N
L D G H M Y C K C D L E O R A
Y X P A E U X A H D L A O Y U
D X E S R B B G T A O N R M G
H A R D Y F M O H O R X W O H
T O O E A P I B G Q D T E R J
D O N A T X L E U A P D L E B
R E E V E S N M L D R K L E B
Z S T R O H E I M D E T W I M
```

BARRYMORE	BOGART	BRECHT	BRICE
BURROUGHS	CAVANAUGH	COSTELLO	DEAN
DEMILLE	DONAT	DORSEY	EINSTEIN
FLYNN	GARFIELD	GREENSTREET	HALE
HARDY	HUSTON	JOLSON	LOCKHART
LUGOSI	MILNE	ORWELL	PERON
REEVES	STALIN	STROHEIM	TODD

10

DAYTIME TELEVISION

```
D O U G H R E M I B J I M M Y
P N C S H G I N N G G Y S W X
R P R G T O J N K K C E O B X
I Q O E A E M K L U W H Z P L
C Y N C I R V E L Y S M C Q R
E G K A A P R E S Y C B B K G
I O I P R T V Y A H N R X A A
S D T T G O V D M L O Q Y N L
R F E A L Y O S J O L W G G E
I R I I O T H V H C O E W A S
G E A N T R U T H O R R N R T
H Y D I N G D O N G P J E O O
T I C T A C D O U G H P W O R
C O N S E Q U E N C E S E O M
C O N C E N T R A T I O N R N
```

CAPTAIN	CONCENTRATION	CONSEQUENCES
CRONKITE	DING DONG	DOUGH RE MI
GALE STORM	GARRY MOORE	GODFREY
HOME SHOW	I LOVE LUCY	JIMMY
KANGAROO	PRICE IS RIGHT	STEVE ALLEN
TIC TAC DOUGH	TODAY SHOW	TRUTH OR
TV SHOPPER		

MOST WATCHED TELEVISION

```
A L F R E D H I T C H C O C K
D A N N Y T H O M A S Q N J A
I 7 D E C E M B E R B R I D E
V 7 I L O V E L U C Y Q L B B
E S A R T H U R G O D F R E Y
G U N S M O K E C E D U E G A
O N W Y A T T E A R P Z D P E
T S J A C K B E N N Y D S E D
A E D I S N E Y L A N D K R R
S T H E L O N E R A N G E R A
E S E D S U L L I V A N L Y G
C T H E R I F L E M A N T C N
R R P A L A D I N D X R O O E
E I Q V R C V K G O I X N M T
T P E R R Y M A S O N F L O F
```

77 SUNSET STRIP   ALFRED HITCHCOCK   ARTHUR GODFREY

DANNY THOMAS   DECEMBER BRIDE   DISNEYLAND

DRAGNET   ED SULLIVAN   GUNSMOKE

I LOVE LUCY   I'VE GOT A SECRET   JACK BENNY

PALADIN   PERRY COMO   PERRY MASON

RED SKELTON   THE LONE RANGER   THE RIFLEMAN

WYATT EARP

POPULAR TV ACTORS AND ACTRESSES

```
F W S H O L M E S V Y C P T F
E Y C H E S I F D S M U S W C
L A B R E E N O E S P E H O R
E T A Y P P V T A M W M L N O
A T V O D F A M V I U T O C N
R W B U F Y O R F T N T K E K
Y K A N B H Q G D H N C O X I
B T R G T L A U I R T N E H T
I R R I D P K Q O T I W D O E
G A Y S H H F H E B R A E F S
G N M H C G T R Y D K L N M X
E E O I J R R N L Y O T V A C
R L R C L A Z I B C O E Q N S
S L E K B Y V T W E A R I N G
U I G S O P E R A H I V K I W
```

BARRETT   BARRYMORE   BIGGERS   BREEN
COLE   COX   CRONKITE   EDEN
GRAY   HICKS   HOFMAN   HOLMES
LAU   LEARY   SHEPARD   SMITH
SOPER   THOMAS   THORNTON   TRANELLI
ULRICH   WALTER   WEARING   WEST
WYATT   YATES   YORK   YOUNG

BABY NAMES (GIRLS)

```
S P B L W E J U D I T H V A V
C H A A K N G I H M D U S M E
B H A M R T T P F Z I I H N X
F E E R E B Y F F P L N I H A
X O V R O L A H H Z A T O I T
P X S E Y N A R R I S H H E E
A S H I R L E Y A I T T R C J
T D E W T L O J R E N A Y A U
R O R J O E Y H B Y G O D R V
I N V A I H C A C R J T E O S
C N Z N D L Z N A E A K N L B
I A N I L I A M O Y N A I Y E
A O E C L N A U Q J E T S N T
C B R E N D A N R F T H E C T
S U S A N A Y S E A K Y P O Y
```

BARBARA	BETTY	BEVERLY	BRENDA
CAROLYN	CHERYL	CHRISTINE	CONNIE
CYNTHIA	DENISE	DIANE	DONNA
ELIZABETH	JANET	JANICE	JOYCE
JUDITH	KATHY	LAURA	LINDA
LISA	MARGARET	NANCY	PAMELA
PATRICIA	SHARON	SHIRLEY	SUSAN

FORGOTTEN TELEVISION

```
M A R Q U I S M A X W E L L W
J O H N A C T O N T N D I E Q
L H C E R O Y W S A N D E R S
O A D T H E V E R D I C T E B
U T T O L T N D Q Z T U B Y R
S H L Q R I M N Q B A D G E K
Z A E U A E X F J R C H R E W
J W M R V G A V I N A G L D Y
A A M H T V Z N Z Q S N E G P
M Y O M C K A Y C R S E G C L
I S N T C Q T Q K E R E I L Z
E F G X L O N D O N P X X A Z
M Y S T E R Y Y N C H I M P S
B I C K F O R D C O N V O Y W
S H I P W R E C K B Q K K Z X
```

BADGE	BICKFORD	CASS
CHIMPS	CONVOY	GAVIN
HATHAWAYS	JAMIE	JOHN ACTON
LEMMON	LONDON	MARQUIS
MAXWELL	MCKAY	MYSTERY
PEGGY	RAINES	REED
SANDERS	SHIPWRECK	THE VERDICT

15

EMMY WINNERS

```
W A O C G D T R J E L D Z F L
L W R V J U B E N N Y U X G M
P W C K Y R N X R K E V C V H
H V A I M A D S E T R R H Y K
X D S A A N O I M M K E D E A
A S I K S T A E N O A B U R R
S I D S O E P N E A K J Y W N
K L C L N M Z E E K H E O X I
E V A O F E N Y R T K O U C M
L E E R A D Y I K R T V N X E
T R S E B W V N B K Y E G G T
O S A T R Y J N A U E K S H J
N Q R T A N S D R Z S E D D X
L C H A Y N D R A G N E T S H
M A V E R I C K R W Y A T T I
```

BENNY	BURR	DINAH
DISNEY	DRAGNET	DURANTE
ED WYNN	FABRAY	GUNSMOKE
LORETTA	LUCY	MASON
MAVERICK	NANETTE	OMNIBUS
PERRY	SID CAESAR	SILVERS
SKELTON	WYATT	YOUNG

ACADEMY AWARD WINNERS

```
B Q K M A N K I E W I C Z B N
E Y A Q C S A N D E R S D O I
R L Z U W I N T E R S R Z R V
G T A I O W O O D W A R D G E
M I N N E L L I Y W E O T N N
A H S N S E D B Y J M R L I Z
N E W A I M Z A P J A K S N S
F S G B I O H T R G L R I E I
G T F G F N E N O E D O G S N
N O L W Y E T B F R E S N D A
L N X L L E R G S K N D O D T
H A L F Q O B R Y N N E R I R
H E P B U R N K E B W Y E V A
K H O L L I D A Y R B O T E X
G U I N N E S S L E I G H S I
```

BERGMAN	BOGART	BORGNINE	BRYNNER
FERRER	FLEET	GUINNESS	HAYWARD
HEPBURN	HESTON	HOLLIDAY	IVES
KAZAN	KELLY	LEIGH	LEMON
MALDEN	MANKIEWICZ	MINNELLI	NIVEN
QUINN	REED	SAINT	SANDERS
SIGNORET	SINATRA	WINTERS	WOODWARD

EVENTS AND PEOPLE OF 1950

```
J A M E S D E A N S R N R N K
Y E I N S T E I N A A E H J O
U W U E U C X S W T U M P Q R
V Y T I T F O D U A F L S D E
C M G H U R L M N B M X I O A
I C U W B O A E M A U E G B N
N C D H C R D N N U H R U H W
D A V W F A I T S T N L B V A
E R A T L E E N R I C I N S R
R T O R I I T A K S S R S A C
E H M R V B P E R S T T F T O
L Y V A R A E E H N J R O M S
L S T A L I N T R U M A N R U
A V Q G H I C H U R C H I L L
B Y R E D S C A R E E Q D P U
```

ADENAUER	APARTHEID	ATLEE
BRINKS	CHURCHILL	CINDERELLA
COLD WAR	COMMUNISTS	DINERS CLUB
EINSTEIN	JAMES DEAN	KOREAN WAR
MCCARTHY	RED SCARE	SAMSON
STALIN	SUBURBS	TIBET
TRANSISTOR	TRUMAN	VIETNAM

EVENTS AND PEOPLE OF 1951

```
G E R S H W I N H G F O F X R
I L O V E L U C Y C A R 2 P D
N V O L K S W A G E N T 2 M K
A P U O I B J W X C R H N B I
T M J I R A Y C M D X E D I S
K W K F H L E F U B M P A R T
I K N U S L A O Q S E I M T R
N X X R J C E N S U S L E H E
G R O C K N R O L L B L N C E
C H C O F B E N N E T T D O T
O A A L R W O K V J H J M N C
L R R L E A U S T I N O E T A
E N O A E Q U E E N C B N R R
U A N R D C O L O R T V T O U
N Z G R E E N H O U S E C L B
```

22ND AMENDMENT	ARNAZ	AUSTIN
BALL	BENNETT	BIRTH CONTROL
CARON	CENSUS	COLOR TV
COMO	FREED	FURCOLLAR
GERSHWIN	GREENHOUSE	I LOVE LUCY
NAT KING COLE	QUEEN	ROCKNROLL
STREETCAR	THE PILL	VOLKSWAGEN

EVENTS AND PEOPLE OF 1952

```
C H E V R O L E T Y M Q K F K
P H A Q A P C L H M A U G Z F
U P R H U T L I X A N I B K I
E E T R T H C Z F R D L G K K
R G H F O K N A A C E T C I E
T T Q L M W I B S I L E T R N
O O U T A F F E T A L D N O Y
R P A D T S M T F N A X I D A
I P K U I M A H O O Y L X P P
C N E Q C O U I O U L S O O Q
O B P V X G M I D E G J N L V
C O M D E N A X B P B S R I I
J L J D B L U E S U E D E O V
W J G T N W R E P I D E M I C
C O R V E T T E K S Y I J I M
```

AUTOMATIC	BLUESUEDE	CHEVROLET
COMDEN	CORVETTE	EARTHQUAKE
ELIZABETHII	EPIDEMIC	FAST FOOD
KENYA	MANDELLA	MARCIANO
MAUMAU	NIXON	PEGTOP
POLIO	PUERTO RICO	QUILTED
REBELLION	SMOG	TAFFETA

EVENTS AND PEOPLE OF 1953

```
E D O U B L E H E L I X K R Y
I S C H W E I T Z E R L N R E
S T A L I N T C G T J M A Y R
E E V E R E S T V A C L O E A
N N H W K Z W N R E L B V E N
H Z V A C C I N E I Y O C F O
O I R S A L K S H A L I S S R
W N U K U E E O L L T Z U Y G
E G W P M E E P U S G Y Z K A
R W A E K K Y P I H E U V O Y
P E A N K C A M B O D I A R T
M H A R W D R S R S J Y C E D
G Y K B R A R N K O A E G A N
Z Q X M T E O S U P R E M E A
I Z U P M M N K H R U S H E V
```

ARMISTICE	CAMBODIA	DNA
DOUBLEHELIX	EISENHOWER	EVEREST
HILLARY	KHRUSHEV	KOREA
MONROE	NORGAY	PLAYBOY
PULLOVER	SALK	SCHWEITZER
STALIN	SUPREME	TENZING
VACCINE	WARREN	YANKEES

EVENTS AND PEOPLE OF 1954

```
M E R C E D E S L M S N A S H
O C D O C B A N N I S T E R W
P U E Y X L B M V E H A Z E L
P O M J O N Q L Y V Z R S X Q
E D A Z J V E E L C U S T G P
N Z G T A M L T O L K I E N J
H S G N X A A G P R U T V A U
E G I M H P G T Q C W Q E U N
I J O H V N S W E B O E A T G
M T V D I N N E R S R R L I L
E R B E W M V G Z L L O L L E
R S O L A R C E L L D B E U B
L B R A N D O B P C C O N S O
P R E S L E Y M K P U T Z Z O
M C C A R T H Y G Y P V E P K
```

BANNISTER   BOEING   BRANDO
DEMAGGIO   ELVIS   HALEY
HAZEL   JUNGLE BOOK   MCCARTHY
MERCEDES   NASH   NAUTILUS
OPPENHEIMER   ORWELL   PRESLEY
ROBOT   SOLAR CELL   STEVE ALLEN
TOLKIEN   TV DINNERS   WORLD CUP

EVENTS AND PEOPLE OF 1955

```
M O U S E K E T E E R S V C L
V I E T N A M E R E B E L Y W
T X F S E A T B E L T S M C A
T D I S N E Y L A N D Y Y L R
M C S P O L M C D O N A L D S
I H H E O K L A H O M A Z P A
C U F T H E P L A T T E R S W
K C I E H O V E R C R A F T P
E K N R J A M E S D E A N J A
Y B G P P O G U I N N E S S C
M E E A G R O S A P A R K S T
O R R N K B P G U N S M O K E
U R S E E R E R A Y K R O C H
S Y T M E S G U P R E S L E Y
E R A I L S T R I K E G P U N
```

CHUCK BERRY	DISNEYLAND	FISH FINGERS
GUINNESS	GUNSMOKE	HOVERCRAFT
JAMES DEAN	MCDONALDS	MICKEY MOUSE
MOUSEKETEERS	OKLAHOMA	PETER PAN
PRESLEY	RAIL STRIKE	RAY KROC
REBEL	ROSA PARKS	SEAT BELTS
THE PLATTERS	VIETNAM	WARSAW PACT

EVENTS AND PEOPLE OF 1956

```
J  K  C  T  D  E  M  I  L  L  E  G  M  J  P
H  J  D  A  E  B  O  D  X  D  M  R  I  S  R
R  U  M  C  S  F  P  R  R  G  Y  A  S  E  I
M  L  J  D  H  T  L  D  B  A  F  C  S  Y  N
P  I  P  K  S  G  R  O  T  N  A  E  I  Y  C
H  E  J  B  S  O  W  O  N  D  I  K  L  U  E
S  A  Y  Y  S  L  X  L  M  R  R  E  E  L  R
O  N  R  J  T  Y  H  I  A  E  L  L  C  B  A
A  D  L  D  Z  M  T  T  R  A  A  L  R  R  N
P  R  R  A  D  P  Z  T  C  D  D  Y  I  Y  I
O  E  S  X  A  I  E  L  I  O  Y  V  S  N  E
P  W  S  O  K  C  S  E  A  R  P  C  I  N  R
E  S  D  U  Q  S  N  K  N  I  U  W  S  E  T
R  P  Q  B  E  K  T  W  O  A  B  M  N  R  O
A  H  S  S  I  Z  P  Y  G  M  A  L  I  A  N
```

ANDREA DORIA	CASTRO	DEMILLE
DR DOOLITTLE	GRACE KELLY	HARD DISK
JULIE ANDREWS	MARCIANO	MISSILE CRISIS
MY FAIR LADY	OLYMPICS	PRINCE RANIER
PYGMALIAN	SOAP OPERA	SUEZ
TEFLON	YUL BRYNNER	

EVENTS AND PEOPLE OF 1957

```
S I N G A P O R E S B N D X O
M A V E R I C K I K Z A K D E
G U E R I L L A S X Y S N E L
R S Z D K F W Z S O E A B D A
N P I F S K H R O A L S N H S
Z U H A R S A J I E I A Z S I
E T N E F J M P C R T G U V A
Q N V V H Y O A F S O D O A N
I I E A K O R T D S Y R B N F
R K V N H G I N P U O V I Q L
F S I A Z E A G H E T G R E U
R L L M O B V Y L Z A P T K E
S U V I E T N A M X T Q S T P
H L I T T L E R I C H A R D O
M Y S P A C E R A C E W H O R
```

ASIAN FLU	BANDSTAND	FRISBEE
GRACELAND	GUERILLAS	HULA HOOP
LITTLE RICHARD	MAVERICK	NASA
RIVER KWAI	SAIGON	SINGAPORE
SLINKY	SPACERACE	SPUTNIK
SUEZ	TOYOTA	VIETNAM
WHAMO		

EVENTS AND PEOPLE OF 1958

```
C N V S J I B E D T S H M C V
J O R W G C P G P E P I Z O W
E R V I N C N Y T I R T N Z O
Z T G Q Y I G I H E B C U S W
U H I W E E L C L G C H O M W
Z P U O B L O L C R F C F I D
T O B B E R E D O A I O D T O
H L A T C F R Y R U S C E H D
I E A I E A G C S M C K G S W
L S M K K R R A A U H I A O W
L L C C E E R R I N E Z U N U
A O A G E D I T R I R C L I Z
R P N K T S C I Z C A F L A P
Y A Y T K E K E X H B G E N S
R A Y H V L Y R S I N A T R A
```

BOEING	CARTIER	CORSAIR
DEGAULLE	EDSEL	EGYPT
FISCHER	GIGI	HILLARY
HITCHCOCK	MICROCHIP	MUNICH
NORTH POLE	PACKARD	RANGER
RICKY	ROCKEFELLER	SATELLITES
SINATRA	SMITHSONIAN	

EVENTS AND PEOPLE OF 1959

```
G B I G B O P P E R F K G I C
U R T M Q S M P B M A T T E L
G B I R O N H O W A R D Q K L
G J K S Y N S T A T E H O O D
E Z Q Q S A F U U G T M F S D
N J B D L O G Q B H B N I I O
H L C A R D M B U K R O I N R
E P A L A S K A D J Q A M X I
I A R A L H M R D J W Y Z J S
M Y P I Z E E B Y A I P N U D
K P E L C P R I H F T N T K A
G H N A F A C E O E N Q I E Y
W O T M Y R U K L E F K B B F
W N E A A D R V L P Y Y E O W
X E R O X I Y G Y Q F P T X D
```

ALASKA	BARBIE	BIG BOPPER
BUDDY HOLLY	CARPENTER	DALAI LAMA
DORIS DAY	GLENN	GRISSOM
GUGGENHEIM	HAWAII	JUKE BOX
MATTEL	MERCURY	MINI
PAYPHONE	RON HOWARD	SHEPARD
STATEHOOD	TIBET	XEROX

POLITICS OF THE DECADE

```
B U N I T E D N A T I O N S S S
L S O V I E T U N I O N W F X
A E I S E N H O W E R E Q W U
C P Y R S E S U E Z C A N A L
K T H J R O S E N B E R G S S
L S E G R E G A T I O N S S Y
I A S T E V E N S O N A I H G
S G S E Q U A L R I G H T S U
T A P Z C H A I T I R R Z H E
C D D P H H X B G E A H N H V
R E D S C A R E G C K O R E A
H O O V E R V L C O L D W A R
V F L D Q D A M T R U M A N A
C I V I L R I G H T S B G Q J
M I S S I L E C R I S I S H P
```

ALGER HISS	BLACKLIST	CASTRO
CIVIL RIGHTS	COLD WAR	EISENHOWER
EQUAL RIGHTS	GUEVARA	HAITI
HOOVER	KOREA	MCCARTHY
MISSILE CRISIS	RED SCARE	ROSENBERGS
SEGREGATION	SOVIET UNION	STEVENSON
SUEZ CANAL	TRUMAN	UNITED NATIONS

MAJOR EVENTS OF THE DECADE

```
G V O L C A N I C C L O U D Q
S E G R E G A T I O N S I Y X
J S O U T H A F R I C A R I K
D V Q X Q I G S K R N E R N G
T V C J H K P W A I B P D N J
S T A L I N A Z E B D E I S E
J S R U E S M T O N I Z N I T
A U M H R A S R A Y S E E N W
M L O A R N S R U C N N R A O
E A W F I K G R O L E I S T R
S B C E N U H T L P Y T C R L
D A T I W E Z D B S U H L A D
E M R D N N D E L V I S U M C
A B A N D S T A N D D T B U U
N A T O C I N D E R E L L A P
```

BANDSTAND   BRINKS ROBBERY   CINDERELLA

DINERS CLUB   DISNEY   EINSTEIN

ELVIS   GRAND PRIX   JAMES DEAN

LABAMBA   NATO   NEHRU

SEGREGATION   SINATRA   SOUTH AFRICA

STALIN   VOLCANIC CLOUD   WARSAW

WORLD CUP   ZENITH

TONY AWARD WINNERS

```
F L O W E R D R U M L Q H S Q
R H A M M E R S T E I N T L E
F O Z N V X S W Q I L N U S A
S V G K I J C O M D E N H O D
L O W E I Y A J Y R U U K U A
S S N M R S J M U D Q J I T M
B L C D F S M A A D G V N H N
E E I X H Y L E U I B H G P Y
R R Q T P E H W T W C N A A A
N N F R V D I B Z D E A N C N
S E L O E W E M H L Z Z D I K
T R Q R E Q P G R E E N I F E
E M U S I C M A N O T S T I E
I G U Y S A N D D O L L S C S
N W I L S O N R F I E L D S D
```

ARLEN   BERNSTEIN   COMDEN
DAMN YANKEES   FIELDS   FLOWER DRUM
GREEN   GUYS AND DOLLS   HAMMERSTEIN
JAMAICA   KING AND I   KISMET
LAURENTS   LERNER   LOEWE
MUSIC MAN   REDHEAD   ROGERS
SONDHEIM   SOUTH PACIFIC   WILSON

POPULAR FAMILY CARS

```
C C I N K W A R T B U R G V W
O A P B O R G W A R D Y C A K
N B O O T T O Y O P E T R U E
S R U A N Q N J L A L Y E X R
U I T Z B T F A J T Z F N H A
L O Q C Y N I D S H K S A A M
D L J F E R Z A K F M I U L B
V E N D E T T E C I W L L L L
R T L P O J E X U N A R T E E
C O M G H H B I C D S I P L R
H I U Q G D O D G E P O Z E S
N E M O N Z A M E R C U R Y L
P A R K W O O D A N G L I A A
B E L A I R B Y S A F A R I R
F A I R L A N E T U N B V N K
```

ANGLIA	BEL-AIR	BORGWARD	CABRIOLET
CONSUL	DODGE	FAIRLANE	HOLDEN FJ
IMPERIAL	LARK	MERCURY	MONZA
OPEL	PARKWOOD	PATHFINDER	PEUGOT
PONTIAC	RAMBLER	RENAULT	SAFARI
TATRA	TOYOPET	VAUXHALL	VENDETTE
WARTBURG	WASP		

SINGERS OF THE 1950s

```
S  I  N  A  T  R  A  Y  B  M  N  B  J  N  T
O  E  H  X  R  E  A  H  T  A  F  O  G  E  X
X  H  L  U  E  D  T  L  K  R  C  O  F  B  B
Z  C  V  L  N  T  E  F  A  T  J  N  V  O  H
P  Y  V  Z  I  T  B  E  Z  I  B  E  M  X  B
C  O  O  K  E  P  E  R  J  N  N  O  Q  I  F
T  D  C  S  L  A  L  R  M  S  C  E  X  K  R
X  A  L  T  E  G  A  H  M  F  F  A  E  I  A
G  M  O  A  P  E  F  R  C  I  W  R  C  N  N
O  O  O  F  R  A  O  B  R  S  O  L  R  G  C
R  N  N  F  E  T  N  R  X  H  S  A  O  C  I
M  E  E  O  S  U  T  K  S  E  T  N  S  O  S
E  N  Y  R  L  F  E  A  A  R  A  D  B  L  W
T  W  Z  D  E  L  A  N  Z  A  R  C  Y  E  R
F  F  R  E  Y  N  O  L  D  S  R  Y  K  T  Q
```

ANKA	ARLAND	BELAFONTE	BOONE
CLOONEY	COMO	COOKE	CROSBY
DAMONE	DAY	FISHER	FRANCIS
GORMET	HUNTER	KING COLE	KITT
LAINE	LANZA	LEE	MARTIN
PAGE	PRESLEY	REYNOLDS	SHORE
SINATRA	STAFFORD	STARR	STORM

MUSIC GROUPS OF THE 1950s

```
A M E S B R O T H E R S T H K
S O P F R F G D H G R S A O A
U W L O M Z L V B E R H R F L
Q D A U I L S E T A V S R Q I
D S Y R M E O T E S Y D I Z N
Y V M L N M A B T T R T E G T
X L A A P L Y N E O W R R C W
G E T D P D O R F D Q O S O I
A S E S D M I Y C D W F O R N
Y P S E L U R R T C E O I D S
L A T E G A U Q E F A N M E S
O U B C M F J K M I V T P T U
R L M T Y E Q A P Z E A A T N
D I A M O N D S O R R N L E B
S P E N G U I N S Z S E A S E
```

AMES BROTHERS	BELMONTS	CORDETTES
DIAMONDS	FLEETWOODS	FONTANE
FOUR LADS	GAYLORDS	IMPALA
KALIN TWINS	LES PAUL	MARY FORD
MCGUIRE	PENGUINS	PLATTERS
PLAY-MATES	TARRIERS	TEDDY BEARS
TEMPOS	TODD	WEAVERS

SOME BASEBALL PLAYERS OF THE 50's

```
W I L L I A M S S G I B S O N
B E G G B A N K S S X A C H V
P E O C R N T A T S B X A H D
B H R X O S C N E M Y P M E D
P M B R O N A G N A S M P N I
D W A Y A I D C G N P A A D M
U A U R G O E N E T Y T N E A
R G B J H C O E L L M T E R G
O N G R R S Z W X E U H L S G
C E P E N G B C U P S E L O I
H R I I I X C O A G I W A N O
E P B Q U U I M V V A S K Q T
R O B E R T S B A S L M A Y S
R X K L U S Z E W S K I R H B
S C H M I D T T H O M P S O N
```

AARON	BANKS	BERRA	BRANCA
CAMPANELLA	DIMAGGIO	DUROCHER	GIANTS
GIBSON	HENDERSON	HODGES	KLUSZEWSKI
MANTLE	MATTHEWS	MAYS	MUSIAL
NEWCOMBE	PIERCE	ROBERTS	ROBINSON
SCHMIDT	SPAHN	STENGEL	THOMPSON
WAGNER	WILLIAMS	YOST	

MOVIES

```
R I C H A R D I I I N I D J W
C I N D E R E L L A F Z N U P
I G P P M Y Z T M I A A R L X
C U E V F O N T F U I U I I L
N N T I O A E I L C H Q O U D
O F E U I I R W I N M B B S I
W I R G U A G G E X V Q R C A
A G P Q H S A B R I N A A A B
Y H A L F M Q O B O S V V E O
O T N V E D I A L M K F O S L
U E E H O N R I V E R K W A I
T R T H E F U R I E S A E R Q
S T A G E F R I G H T E S J U
L A D Y K I L L E R S L D J E
O R P H E U S D B I G H E A T
```

BEN-HUR	BIG HEAT	CINDERELLA
DIABOLIQUE	DIAL M	GIANT
GUNFIGHTER	JULIUS CAESAR	LADYKILLERS
NO WAY OUT	ON RIVER KWAI	ORPHEUS
PETER PAN	QUIET MAN	RICHARD III
RIFIFI	RIO BRAVO	SABRINA
STAGE FRIGHT	THE FURIES	THE MAGICIAN

INVENTIONS OF THE 1950's

```
D P A C E M A K E R B Z I Z S
Z N Y O Z D S U U E A T W P A
Q Y A N S I L T C M R S G O R
D H A T D G S A X O C Y H L A
W O N D R L V C C T O N W I N
N X R E A I L O U E D T C O W
H A P I N L B L M C E H A V R
H U D U I O S O V O I E F A A
S A D P P P R R E N E S O C P
R B E M Y Y Z T L T M I R C U
E H U Z A N X V C R O Z T I U
T 3 D M O V I E R O D E R N W
E A M E Z M L N O L E R A E M
C A N T I H I S T A M I N E S
T R A N S I S T O R R A D I O
```

3DMOVIE	ANTIHISTAMINES	BAR CODE
COLOR TV	DNA	FORTRAN
HARD DISK	MODEM	PACEMAKER
POLIO VACCINE	RADIALS	REMOTE CONTROL
SARANWRAP	SUPER GLUE	SYNTHESIZER
THE PILL	TRANSISTOR RADIO	UNIVAC
VELCRO		

ARTISTS OF THE 1950'S

```
K I N C A D E J T O S H I H I
C B A C O N H Z A E F K Y R R
F D H A R I N G G C G N N D O
W C A O R W D D Q Z K E U O Y
Y M A L I O O A A G H S O I L
H L S X I H N N Q B L L O S O
U S V H U D E S F O R M F N W
F A U X A U R R E I Z A Y E R
F L D Y S W A S C O T T W A Y
M V A U G H A N Z O N I A U U
A A S O C Y H T E I U S N X S
N D X S A Y L D Y V Z S T I G
A O W R C U E B R A Y E R R A
H R C H A G A L L L G T H I R
T U R N E R I P O L L A C K P
```

ARONSEON	ARP	AULT	BACON
BRAYER	CHAGALL	CRAY	DALI
DESFOR	DOISNEAU	HARING	HENRI
HODGES	HUFFMAN	IRI	JACKSON
KINCADE	LOWRY	MATISSE	POLLACK
SALVADOR	SCHARF	SCOTT	SHAW
SUENA	TOSHI	TURNER	VAUGHAN

MOVIE STARS #1

```
R H A Y W A R D S E C U E R B
K O N N S G C Y S C R P K K W
N E M R X M T I A E A R N A Z
C H O E Q Z T C L N W E P H U
L D B N R R Y O N S F S E G E
I Z A Z U O C L B A O L C L I
F C R C K T Y L U I R E Z Q M
T B D G R X J I M N D Y S E A
K E O P P A H N E T O D N W R
G K T G O C I S J Y L Y Y E T
M A C R A E N N C O A K T R I
R I T T E R W X N P I N B N N
H U D S O N D Y D O U G L A S
T X B W B D E E I H D I N P T
U D G T H R U S S E L L I E A
```

ARNAZ	BARDOT	BOGARDE	CLIFT
COLE	COLLINS	CRAIN	CRAWFORD
CURTIS	DEE	DORS	DOUGLAS
HAYWARD	HUDSON	HUNTER	MACRAE
MARTIN	PAYNE	PRESLEY	REYNOLDS
RITTER	ROMERO	RUSSELL	RYAN
SAINT			

BASEBALL TEAMS

```
C I J J S O X Y S Q K S E V S
A N N M C F G A P U B E X E B
R A Q D G V P N H T E N V B R
D J N F I K P K I G M A R J M
I J P T F A S E L E R T U K G
N P E V Y N N E L B F O B B K
A H I A W S S I L X R X S D
L A D O T E C O E O J S S Q Z
S Y R N T H Z D S T J X F A J
Y B A A O A L E O L P C B U M
Y I R S H R T E P D D R U H Y
G I Z U Y I E E T B G K F B W
P B Y M H S V D T I G E R S S
A Q U W R G S W S O C C R N Y
O R I O L E S H N I C S K S F
```

ATHLETICS	BRAVES	BROWNS
CARDINALS	CUBS	DODGERS
GIANTS	INDIANS	ORIOLES
PHILLIES	PIRATES	REDS
SENATORS	SOX	TIGERS
WHITE SOX	YANKEES	

MOVIE STARS #2

```
L B B X S G S E K K D D M V Q
E O R W A W I L D E E A O I F
M G A A M O N R O E L L Y M L
O A N Y E I A Q J S C R Z K Y
N R D N C N T U P J O L C H N
G T O E H L R C Z L O E V E N
N A E A E P A I Y X P W B P D
U O B D E A N A K V E I S B E
G I V L A O T B Y N R S T U E
U C L A E P O W E R R U E R R
T H O K K Y S D Z E P S W N Z
T F R O E D K Y U E P B A C H
H F E H O L D E N V B A R Q U
W M N O M R L C W E S L T B G
X N W F Q K D Y S S E L V B P
```

AMECHE	BALL	BOGART	BRANDO
COOPER	DAY	DEAN	FLYNN
GABLE	HEPBURN	HOLDEN	KELLY
LEMON	LEWIS	LOREN	MONROE
NOVAK	PECK	POWER	REEVES
SINATRA	STEWART	TAYLOR	WAYNE
WILDE	WOOD		

LUXURY CARS OF THE FIFTIES

```
C O N T I N E N T A L N N H S
M L E S A B L E R R S O T U K
J M E R C E D E S D G U R D Y
L F A I R L A N E A O I O S L
V P S E L V X M R M Y N L O A
I A U B A E W D Y E R R L N R
X C N U M D L L E I R S U K
D K B I B E P T T A D L N H R
E A E C W R N S L K A I S E R
S R A K Y E D C S A I N N X G
O D M E B A T Z G A M I F F S
T Q L B O N N E V I L L E I W
O I L R O H F U R Y E O V I Q
R Q K M V D J V K B R L O H R
J A G U A R L S N S A A B N C
```

ALVIS   BELVEDERE   BENTLEY   BONNEVILLE
BUICK   CONTINENTAL   DAIMLER   DESOTO
EL DRAGON   FAIRLANE   FURY   HUDSON
JAGUAR   KAISER   LESABLE   MERCEDES
MONTCLAIR   PACKARD   PLYMOUTH   RILEY
ROADSTER   ROLLS   SAAB   SALOON
SKYLARK   SKYLINER   SUNBEAM

STYLES OF THE FIFTIES

```
S A D D L E S H O E S D E H H
B H W J Z J S I P O O D L E W
H Z E U B E F Q W S A Q S A R
I H J A V E C L T R U L S D T
G F F O T O F A B F E E L S E
H Q L X O H O T R E L P N C A
W G W I Q C E O H D M C Y A D
A D N Y I L T N R B I H C R R
I A B T T T E I H X A G M F E
S D T T E T G S J Q B M A G S
T E U L T F L E X V C W P N S
P B I I B R G G J E A N S E I
C T K Q A N B A C K S E A M S
S Y N E S W I N G C O A T V L
C A P R I C S P E T E R P A N
```

BACKSEAMS   BUTTLET BRA   CAPRI
CARDIGAN   GIRDLES   GLOVES
HEADSCARF   HIGH WAIST   JEANS
KITTEN HEELS   PEARLS   PETER PAN
PETTICOATS   POODLE   SADDLE SHOES
SHEATH   STILETTO   SWING COAT
TEA DRESS

NEW TECHNOLOGY AND DISCOVERIES

```
W E T S U I T K R L A S E R S
W I F F L E B A L L D T O R Y
M A R K I N G P E N I T E K N
K A B G D Z E V A L S P S O T
F D Z K H D A R L I A I L S H
X U T I O W T E S P D F R U E
B D W C O R T N D D E F Z P S
I E R R O A A I R T N H C E I
G A C F S R U A A P X B G R Z
B I C S T Q H C Q S Y Z K G E
M O Z M I C R O C H I P N L R
Z F W L V O L T M E T E R U X
P O L I O V A C C I N E J E V
T E L E P R O M P T E R B O C
O L P W D 4 0 M V E L C R O R
```

BARCODE	FORTRAN	HARD DISK
LASERS	LIQUID PAPER	MARKING PEN
MICROCHIP	MICROWAVE	POLIO VACCINE
SATELLITE	SUPER GLUE	SYNTHESIZER
TEFLON	TELEPROMPTER	TRANSISTOR
VCR	VELCRO	VOLTMETER
WD-40	WETSUIT	WIFFLEBALL

SHOPPING IN THE 1950's

```
N E W B E R R Y Q P L N Q J T
B E E C H E R S M L P V J K I
N B E L K S H Y A A F E A S P
W D G M S P A X P A S M G D S
A T R D L W E Y G L D R N B S
L H C A E R G Q B B X A A R Z
G W R F M A C Y S I A W E M S
R T A P N H C J L D H L H K E
E S H D V C I B L C W D V A A
E E J R R N U E S O E O N T R
N H P X I P I M F S Q E Q Z S
S I O K O F Z R S R E A D S A
W D P O N B T E W P E N N Y S
P I C E I L R Y D K R O G E R
P W D O C K U M T G V X C I O
```

A AND P	BEECHER	BELKS	CO-OP
DOCKUM	ENFIELD	FOWLERS	KATZ
KRESSE	KROGER	MACYS	NEWBERRY
PENNYS	PIPKIN	PUBLIX	PX
RALPHS	READS	REXALL	SAFEWAY
SCHWABS	SEARS	THRIFTY	VONS
WALGREENS			

ADVERTISED BRANDS

```
A N D E R S E N V I R T U E S
R J X U E U C A R E F R E E U
M S A M S O N I T E M L S R N
S X U L H L W D A D A S O A B
T H O D K A L G L I Y R T C E
R K D T H E M K R E T R H W A
O K M U I B U I B R A C H H M
N H B F T M R R L P G F E I U
G K M E O C K I S T N E T R Q
J A O C N B H E G O O I K L H
C P V H W D N B N G E N R P U
F E O X L W I N O R S A A O N
R G D S S E A X T Y M N X O T
L U N T T C R S C H I C K L S
O V A L T I N E S I M O N I Z
```

ANDERSEN	ARMSTRONG	BENDIX	BRACH
BRIGGS	CAMFIELD	CANNON	CAREFREE
DUTCH BOY	HAMILTON	HUNTS	KOHLER
LUNT	MAYTAG	OVALTINE	POST
REVCO	RUNDLE	SAMSONITE	SCHICK
SIMONIZ	SPARTAN	STREIT	SUNBEAM
TIMKEN	VIRTUE	WHIRLPOOL	

MORE BRANDS

```
F R I G I D A I R E X T O H X
V I N Y L I T E F U N P K W L
T S Z Q Q X G O L D M E D A L
W E S T I N G H O U S E J D G
A D M I R A L A S K L T G V M
N B S W E T A X T M O O R E D
I D H O N B R V O T A X S K W
H E P R G F K O K T E F S E Y
H O H A S I N G E R I O U F I
F U I N V R P I Y T M D F N M
C V L G E T X P S R Z U E I O
D H C I J I R V E E T L M L R
L O O N D J H H O T P O I N T
R N L A C K T F O R M I C A O
M T A E L E T M L S U R F V N
```

ADMIRAL   DIXIE   DOLE
FORMICA   FRIGIDAIRE   GOLD MEDAL
HOTPOINT   LUX   MOORE
MORTON   ORANGINA   PHILCO
PYREX   SINGER   STOKEYS
SURF   THERMOS   TIDE
TUFFY   VINYLITE   WESTINGHOUSE

POPULAR FLOWERS AND GARDENS

```
G O G N H A S T I L B E N F H
B T V I O L E T S Y J O A O X
B H E L L E B O R E L E A L Y
O Y F P L Y C R Q I L W A I E
Q M O A Y T E O T A N I C A S
B E X N H B U U Z E V A A G E
I K G S O C B A M I A I U E D
X C L Y C A R A L C R R N T U
I U O L K E L C N A O U Q E M
A C V X H C N A R C I S S I S
P X E T Y B E E B A L M M N D
U U A C T G N O M E S T N O A
R E Y L Q I T E R A R I U M S
H H Y A C I N T H S X J A D E
W I L L I A M D A Y L I L Y V
```

ABUTILON	ASTILBE	AZALEA	BEE BALM
BERRY	CINERARIA	CLIVIA	COSMOS
CYCLAMEN	DAYLILY	FOLIAGE	FOXGLOVE
GNOMES	HEATHER	HELLEBORE	HOLLYHOCK
HYACINTHS	IXIA	JADE	NARCISSI
PANSY	PUYA	SEDUM	TERARIUMS
THYME	VINES	VIOLETS	WILLIAM

IT'S A BOY

```
P K I R O N A L D K Y C K U R
L E E D H S B R P A J O H N Q
O V T A K Y U O A A V A U K L
K I Y E T E R R Y N U I S A A
J N Z V R D O N A L D L D F R
E A J B M A R K Y N L Y W S R
R F M Z R R O B E R T E X T Y
R O G E R U J O S E P H K E S
Y V G B S K C E D W A R D V D
D Z E L N Y I E Q J B F D E E
V T O A R Q H Z S Q H X A N N
A O R A U K Z D C A A C N A N
B F G L A H T H O M A S I D I
K D E C T X V Q T R C R E K S
H Z A G V U E D T F B J L E Y
```

BRIAN	BRUCE	DANIEL	DAVID
DENNIS	DONALD	EDWARD	FRANK
GARY	GEORGE	JAMES	JERRY
JOHN	JOSEPH	KEVIN	LARRY
MARK	PAUL	PETER	RANDY
ROBERT	ROGER	RONALD	SCOTT
STEVEN	TERRY	THOMAS	

FIFTIES BASKETBALL

```
M G P G E W U S Y Y N W R B S
A M H H U T C H I N S O A E T
C W A R R I O R S B L Q I A T
C U H P T A S J B Y Z V G R W
A P T L M B S L A M A L G D S
U W E X W N F B M D E S S L H
L C Y R O S F S I E F K A R S
E P U T U M S E K L C N C L A
Y H S Q P S P Z A I O J A H R
M I K K E L S O N I S Y P A C
P L E U M A P E T O O X I W O
B L C Q Y K Z A L R K O T K U
R I W L H E N D R L L E O S S
K P L U E R G H Y A R D L E Y
D I N W U S B U L L E T S Q Y
```

BAYLOR	BEARD	BULLETS
CAPITOLS	CELTICS	COUSY
DAVIES	HAWKS	HUTCHINS
LAKERS	MACCAULEY	MIKAN
MIKKELSON	NATIONALS	NICKS
PHILLIP	PISTONS	ROYALS
RUSSELL	WARRIORS	YARDLEY

POPULAR GAMES AND SPORTS

```
H Q W C X J Y X G C H E S S B
C M U S H M Z N C R O Q U E T
A D J I M E O L I C G W S S L
N N E U Z J C M H H E E I S E
D K R L H Z Q K V G O H D O A
Y B S A O T E F E H W O Z L P
L A M E N G Y S S R E P C I F
A D H S O C C E R L S S A T R
N M D T R F S X B I C C N A O
D I T W Z R Q B N B A O A I G
E N B S O E A N H F R T S R R
X T Y H J R E C R Q E C T E Y
E O P O C T I J I L E H A V N
P N L S E F T X S E R F C G N
M O N O P O L Y K O S T I Z I
```

BADMINTON   CANASTA   CANDY LAND
CAREERS   CHECKERS   CHESS
CROQUET   HOP SCOTCH   HORSESHOES
LEAP FROG   MAHJONG   MONOPOLY
QUIZZES   RISK   RUMMY
SCRABBLE   SOCCER   SOLITAIRE
TENNIS   WHIST   YAHTZEE

POPULAR CARS

```
N A S H H E A L E Y N S G A I
L F T A L F A R O M E O K R H
W P H C Q L S V Z B Z W S P Z
L P U C O R V E T T E V M N P
O Z N J Y V B C A K I U E L O
T V D A M R W I R P I G O G R
U T E G F Z S A Z R A T B C S
S U R U F B L I T W S K P H C
G R B A F Y V I S I C D C E H
D B I R K C O K R I V P X V E
K I R S Z T L B U Q Z D Y R A
F N D T A O V B B E P B B O G
B A A G V T O K U U S M M L L
K I A Z R O A D S T E R W E P
F Z M A S E R A T I E N D T J
```

ALFA ROMEO	BMW	BRISTOL
BUICK	CHEVROLET	CORVETTE
FIAT	JAGUAR	LOTUS
MASERATI	NASH HEALEY	PORSCHE
ROADSTER	SKYLARK	THUNDERBIRD
TRIUMPH	TURBINA	VOLKSWAGEN
VOLVO	ZAGATO	

SOME 1950's SLANG

```
T Z B T Q J B K Q I C V B Z Y
H G J D N O G P T S P E O G T
E M E J G V Z R U Q U O Y T H
M L T R F U D E O G S P A D Y
O I S W G O N Z W D M G I S P
S H H J N S I Y E U Y L U C K
T V T O N B F R L P H O D R K
N E R D O S T T O D L E E P O
F Z P P K D Y O Q K J S P Y O
M A Y C H D G D F E A P L K K
P W I J E N Z E N E Z I N I I
I K M Q A Y O R R N Z N E T E
U V X H T J O G I I E N S T I
Q C L H I H T T L E D E T E O
R A P H I P S T E R D D I N V
```

GOOPY   GREASER   GRODY   HANG
HEAT   HEP   HIP   HIPSTER
HOOD   HORN   JAZZED   JETS
KEEN   KICKS   KITTEN   KOOKIE
LID   LOUSY   LUMPY   NERD
NEST   NIFTY   NOD   PINNED
RAP   REDS   THE MOST

PEOPLE IN THE NEWS

```
J F G N Z S X K M N L R F Y A
O I Q B I X Y T V O T B H R L
N S B V H I L L A R Y T D W A
A H L C A S T R O G R A B P N
S E T R U M A N T A Y L O R F
S R Q P Y L G N C Y U C Y J R
A M S A V N I C S W R L W J E
L A A V I E M R J T A V U R E
K J J M T F B T Z N A T S G D
Y A E S R I R T R O Y L S M O
K L N H P P O D V F B Q I O X
F I J L O S W A N S O N R N N
E O L K V H N Z E Q N Y D R Y
R O S A P A R K S Q D L W O D
Y B A N N I S T E R N E J E S
```

ALAN FREED	BANNISTER	BOND
BROWN	CASTRO	EINSTEIN
ELVIS	FISHER	FLEMING
HILLARY	JONAS SALK	MCCARTHY
MONROE	NORGAY	ROSA PARKS
STALIN	SWANSON	TAYLOR
TRUMAN	WATSON	

MORE 1950's SLANG

```
K Y Q W S L F G D D C I V T W
X O C L G Z P O R B O K I R T
F C R A Z Y C O A Z R L S S C
G L U Z N V X F G Q P C L W R
D A I P A C D M U S O Q I Y E
E S S C Z R O J D Z L R D D A
U T I C K A T O R I Z Z Y I M
C E N I O N S I K O S L G D G
E A G R Y K F A P E C R U I J
I D V C S E Q G I E E K R B G
I Y R L P D G T B L B B B D S H
X N S E G G O U O L U E L Y F
H H Q D J O C O X U R S A Z L
J K M K C B C U A G O N E W I
D O U G H G D K M A H V X Z P
```

CIRCLED   CLYDE   COOK   COOLER
COOTIES   CRANKED   CRAZY   CREAM
CRUISING   CUBE   DEUCE   DIBS
DIG   DOLLY   DOUGH   DRAG
FAB   FLICK   FLIP   FUZZ
GAS   GIG   GONE   GOOF
ROCK   SPLIT   STEADY

TOYS

```
G L I D E R R Z N Y E Q B W T
H C O R N P O P P E R V Q Y O
S O K G M F R I S B E E K X Y
I L H T Y G S Q R I V N L X G
L O J A N D W H T P I L A S U
L R Q M L V O P Q L M I B Z N
Y F C S Q Q O O S N A M Z M S
P O F G V O L G O Z G A O J F
U R D N H P Y O R Q I T J P W
T M F A O W W S X W C C A L H
T S L T J W I T S W 8 H C A O
Y U N L X D L I S F B B K Y O
H I A D L R L C Q M A O S D P
T S O R R Y Y K V J L X C O E
P G Q E Q A S P E L L I T H E
```

COLORFORMS   CORN POPPER   FRISBEE
GLIDER   HULA HOOP   JACKS
MAGIC 8-BALL   MATCHBOX   PLAY-DOH
POGO STICK   SILLY PUTTY   SLINKY
SORRY   SPELL-IT   TIN TOP
TOY GUNS   WHOOPEE   WOOLY WILLY

PEOPLE OF BROADWAY

```
M A R T I N Q B Q N T A N Q S
Y S R I T T E R E E F K P T S
D O D E K K E D R O V A R R I
R N A C H A M M E R S T E I N
O D V Z R O U E P H A U S T S
D H G E C O H G R N W Q T C M
G E V M R C B E C M T P O H Y
E I L O A D X B D J A V N A S
R M U B B Y O G I Z E N R R T
S L R T E L M N R N K G Z D F
H O L L I D A Y G E S M S B O
C Z G M E R R I L L E E T O S
G I R L A W R E N C E N Y O S
B L A U R E N T S E A V N T E
B E R L I N F A B R A Y E H D
```

BERLIN	BIGLEY	BLAINE	BOOTH
COMDEN	FABRAY	FOSSE	GRAY
GREEN	HAMMERSTEIN	HOLLIDAY	KEDROVA
LAURENTS	LAWRENCE	MARTIN	MERMAN
MERRILL	ORBACH	PRESTON	RITCHARD
RITTER	RIVERA	ROBBINS	RODGERS
SONDHEIM	STYNE	VERDON	

MORE 1950's SLANG

```
C X Z X G P G K C W O T T E P
D A D D Y O R F H M O E N V P
I B T P F N I B E I O R R M I
F B T B I T N L R B C E A H G
T W O Z P P C A R U H U Q Z S
I Q M S Y J H S Y R E G M G Z
C V G D S C I T D N A K Q R Y
K U W I Z B E X F R T J U E Q
L Y N G S E S C X U E I H A V
E K O D D A T X B B R Z R S T
Y M B U G T C N O B S A B E D
A F D P D I H N G E A N A R B
P X O B M T I P U R D D S L I
E H M J G K L H S A Q W H C R
C B E A T N I K P G B R E A D
```

APE   BAD   BASH   BEAT IT
BEATNIK   BIRD   BIT   BLAST
BOGUS   BOSS   BREAD   BUG
BURN RUBBER   CAT   CHARIOT   CHEATERS
CHERRY   CHILI   CHOP   DADDYO
DUDE   GREASER   GRINCHIEST   PAD
PIGS   RAZZ   TICKLE

MORE TOYS OF THE 1950's

```
L I T T L E P E O P L E Q W B
A T S H E R I F F B A D G E A
D O L L H O U S E S M S P V R
W Y X L W E L L G Y P G A I B
O T C Y M L A N E O P R D E I
O R A E O U B K T G I T D W E
D A P D O X N G T U N O L M Q
B I G R T O N G A M K Y E A A
L N U I M I S S B B Y D B S R
O S N K N T C P S Y B R A T M
C Z C N R I U C Y W A U L E Y
K O I A M R O B S T L M L R M
S P D O C X M A R B L E S N E
S D C I R C U S S E T S O N N
O Q D W P K L Z J C A R D S K
```

ARMY MEN	BARBIE	CAP GUN
CARDS	CIRCUS SETS	COMICS
DARTS	DOLL HOUSES	DOLLS
GUMBY	LITTLE PEOPLE	MARBLES
PADDLE BALL	PINKY BALL	SHERIFF BADGE
SOCK MONKEY	SPINNING TOPS	TOY DRUM
TOY TRAINS	VIEW-MASTER	WOOD BLOCKS

NOTEWORTHY HAPPENINGS

```
B L A C K L I S T X G H K P A
V U X I M K R A M A S A D N S
W Y Q M I C K E Y W N N L K R
N P X G G S K A I U A N A S A
I U P Q A O N I L K R N S V
Z E M L J D A S Y I M O S I S
E R A M L W R E N Q A C M A A
B T B Z A S N T Q X U K C C W
A O R H S S U H V X M A D I V
B R U U I P Q N Z A A N O B P
Y I T D S Z X M S J U D N H I
B C O L D W A R S U Z R A B I
O O R O S A P A R K S O L O L
O L I T T L E R O C K L D M R
M I C R O S O F T J O L S B D
```

ALASKA   BABY BOOM   BLACK LIST
COLD WAR   DISNEYLAND   DNA
HAWAII   H-BOMB   LITTLE ROCK
LUNA   MAU MAU   MCDONALDS
MICKEY   MICROSOFT   NASA
PUERTO RICO   ROCK AND ROLL   ROSA PARKS
SPUTNIK   USSR   WARSAW

CELEBRITIES ON AND OFF THE SCREEN

```
S E I N S T E I N A X Y Q T G
P J M B P M W O U K S D A Y H
I B C D A U Z R H R A E E D T
L E C G B L H O E A L G Q X R
L N A W M J L A M B I A L Y U
A G R B I L H D I J N U J Y M
N U T K L L G J N O G L Q M A
E R H D L L L I G L E L U E N
P I Y Y E S T I W K R E O R N
X O C V R K I W A X M R M C Z
Q N E N S F P N Y M N M N A W
Q O X I S P R V A O S U E S A
E F M X A M O K M T G D H T Y
E A P O L L A C K S R R L R N
B F K N K N G K K K K A W O E
```

BALL	BEN-GURION	CASTRO
DAY	DE GAULLE	EINSTEIN
HEMINGWAY	MCCARTHY	MILLER
MONROE	NIXON	POLLACK
SALINGER	SALK	SINATRA
SPILLANE	SPOCK	TRUMAN
WAYNE	WILLIAMS	WOUK

FAVORITE FIFTIES FOOD

```
G F M N A W E C O N S O M M É
B Z Q H D L S S T M M A M S C
J B B A F E N S Y C E C B U A
N X J F P O S Y C H A J O K T
Q W U A V G P L E O T N R I S
G O N F W O A I A P L E O Y U
S A N Y J A G V S S O C A A P
C K T A J S H R Y U A A S K K
Z E B E B L E U I E F G T I S
F X T A A T T B G Y D C N O M
A D B Z S U T L Q U T U N A O
O A L Y S C I X X P M T B V U
K O O J P U D D I N G B E E S
Y A M E A T P I E V T B O A S
F D H A M B U R G E R P F L E
```

CANAPES	CATSUP	CHOP SUEY
CONSOMMÉ	GATEAU	GUMBO
HAMBURGER	KABABS	LASAGNA
MEAT PIE	MEATLOAF	MOUSSE
OYSTERS	PUDDING	ROAST
SOUFFLE	SPAGHETTI	SPAM
SUKIYAKI	TUNA	VEAL

CELEBRITY BIRTHS (THEY DIDN'T KNOW THEY'D BECOME FAMOUS)

```
G L O R I A E S T E F A N H D
S T I N G F B N J A Y L E N O
X O J A N E S E Y M O U R P M
R M A T P J T A J X Z S D I N
R P C I H O E H O S N I O E B
S E K M I H V U H K B M N R G
T T I A L N I G N A I O N C M
E T E L C E E H T T L N Y E J
V Y C L O D W L R E L C O B O
E A H E L W O A A B G O S R A
J V A N L A N U V U A W M O N
O N N I I R D R O S T E O S J
B F X H N D E I L H E L N N E
S S S I S S R E T E S L D A T
M I C H A E L J A C K S O N T
```

BILL GATES   DONNY OSMOND   GLORIA ESTEFAN
HUGH LAURIE   JACKIE CHAN   JANE SEYMOUR
JAY LENO   JOAN JETT   JOHN EDWARDS
JOHN TRAVOLTA   KATE BUSH   MICHAEL JACKSON
PHIL COLLINS   PIERCE BROSNAN   SIMON COWELL
STEVE JOBS   STEVIE WONDER   STING
TIM ALLEN   TOM PETTY

SOLUTIONS

CLOTHES AND FASHION

COVERS OF TIME MAGAZINE

THE OLYMPICS (1952)

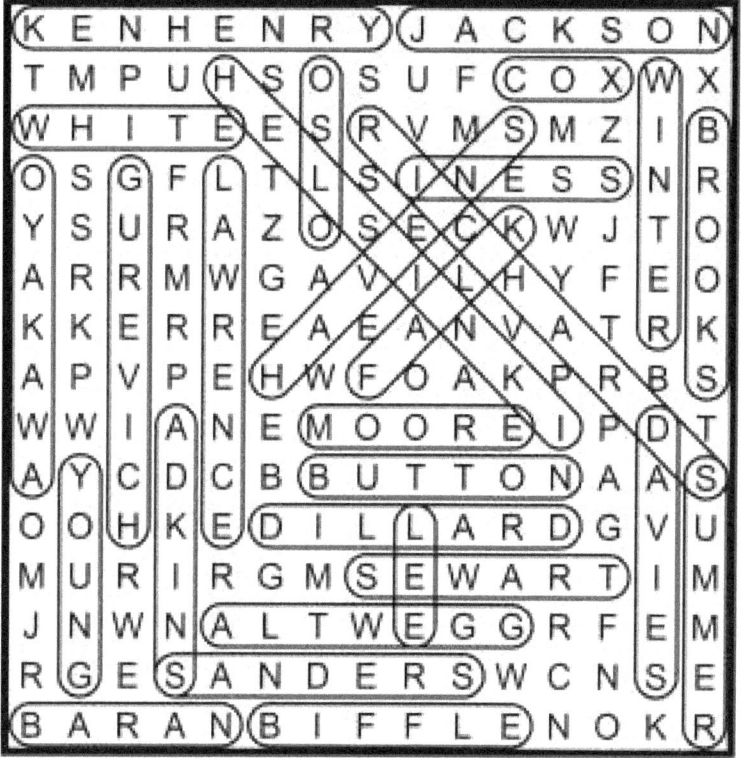

THE OLYMPICS (1956)

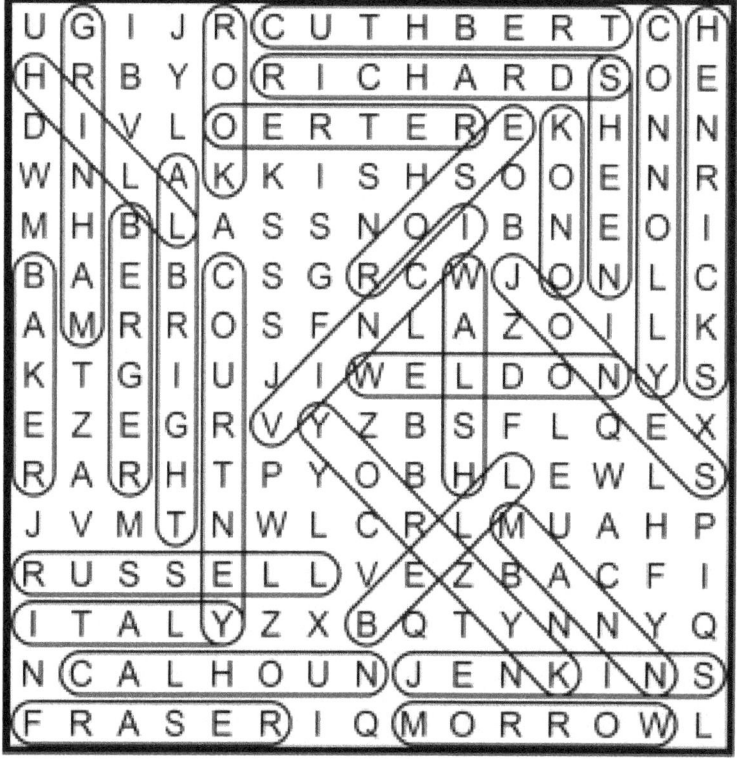

LIFE MAGAZINE COVERS

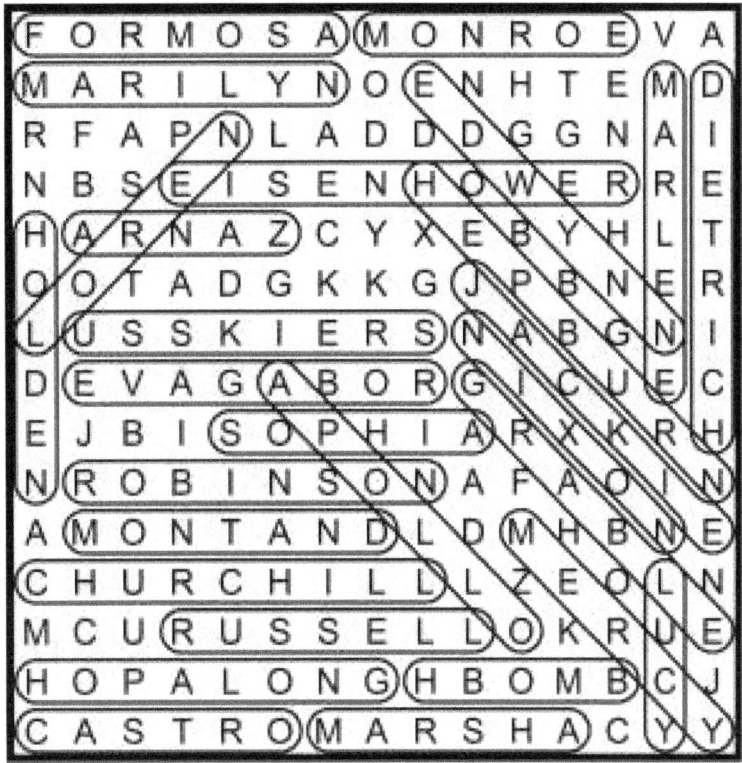

BESTSELLING AUTHORS OF THE DECADE

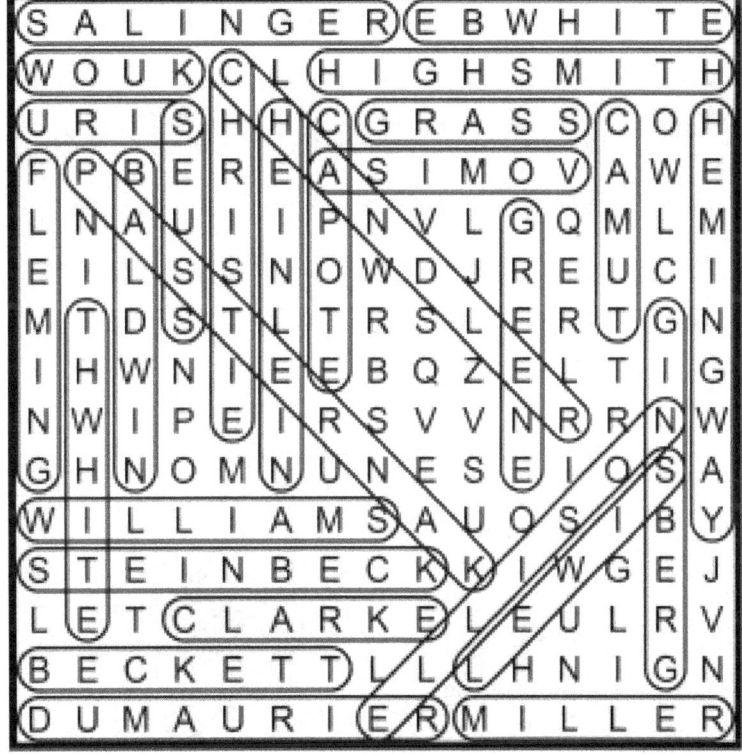

POPULAR TOYS

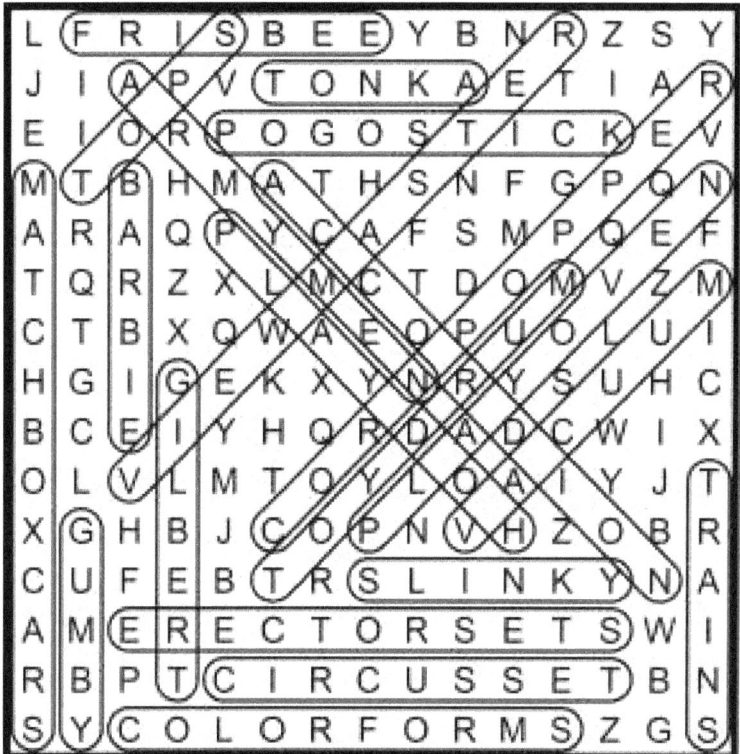

CELEBRITY DEATHS

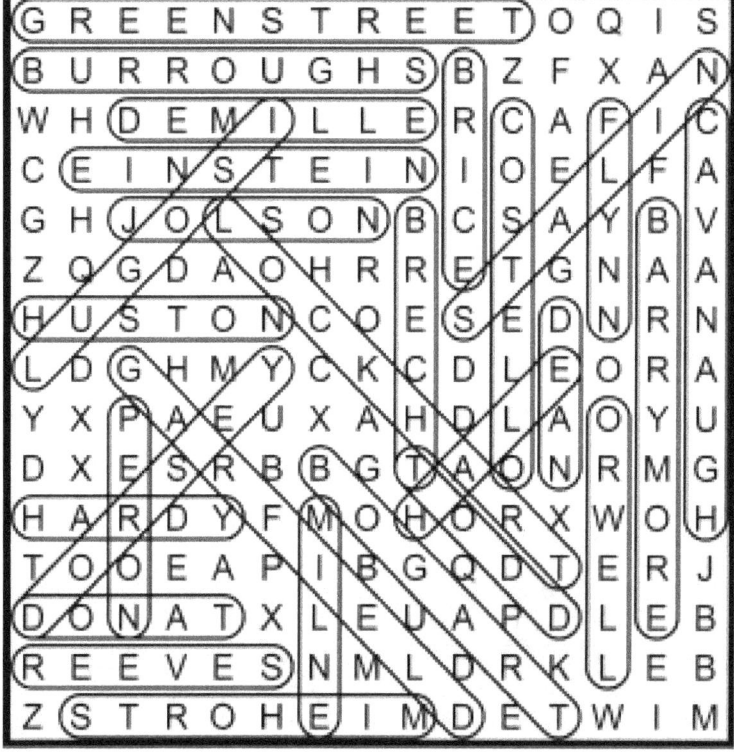

DAYTIME TELEVISION

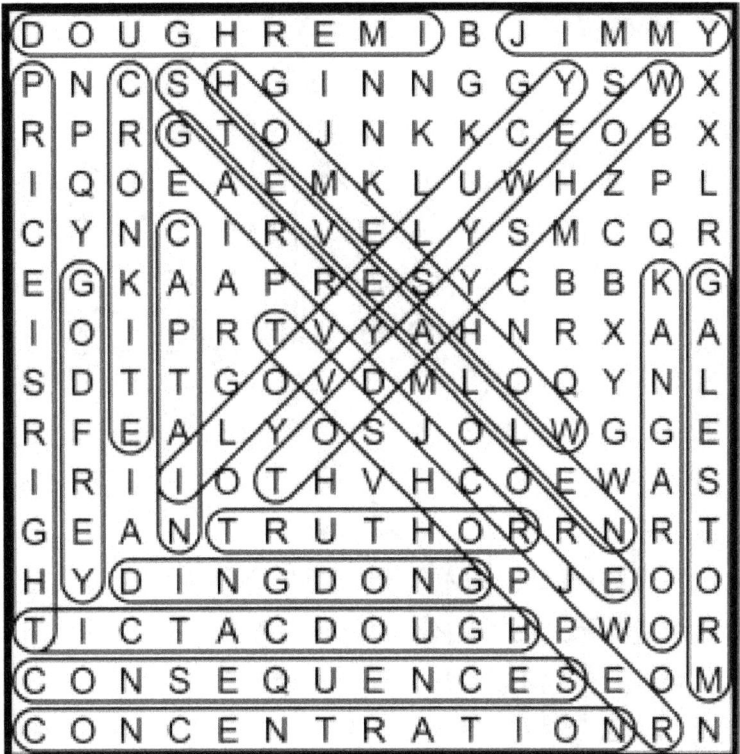

MOST-WATCHED TELEVISION

POPULAR TV ACTORS AND ACTRESSES

BABY NAMES (GIRLS)

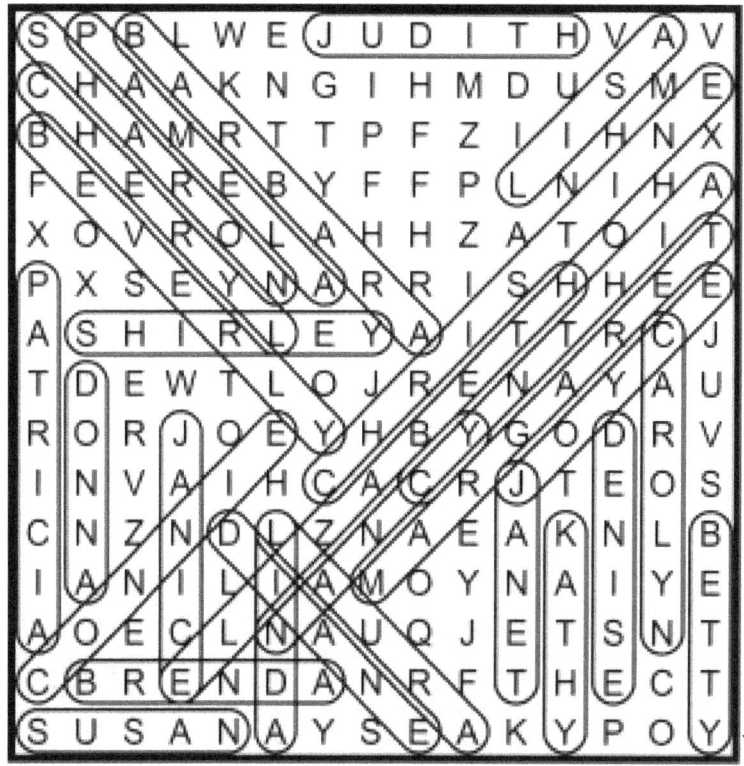

FORGOTTEN TV SHOWS OF THE 1950'S

EMMY WINNERS

ACADEMY AWARD WINNERS

EVENTS AND PEOPLE OF THE YEAR 1950

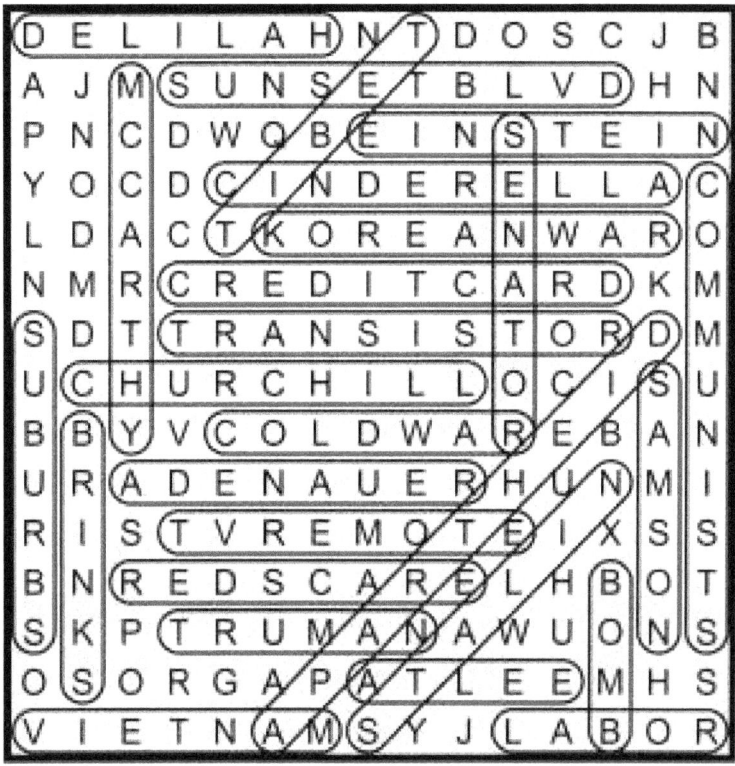

EVENTS AND PEOPLE OF THE YEAR 1951

EVENTS AND PEOPLE OF THE YEAR 1952

EVENTS AND PEOPLE OF THE YEAR 1953

EVENTS AND PEOPLE OF THE YEAR 1954

EVENTS AND PEOPLE OF THE YEAR 1955

EVENTS AND PEOPLE OF THE YEAR 1956

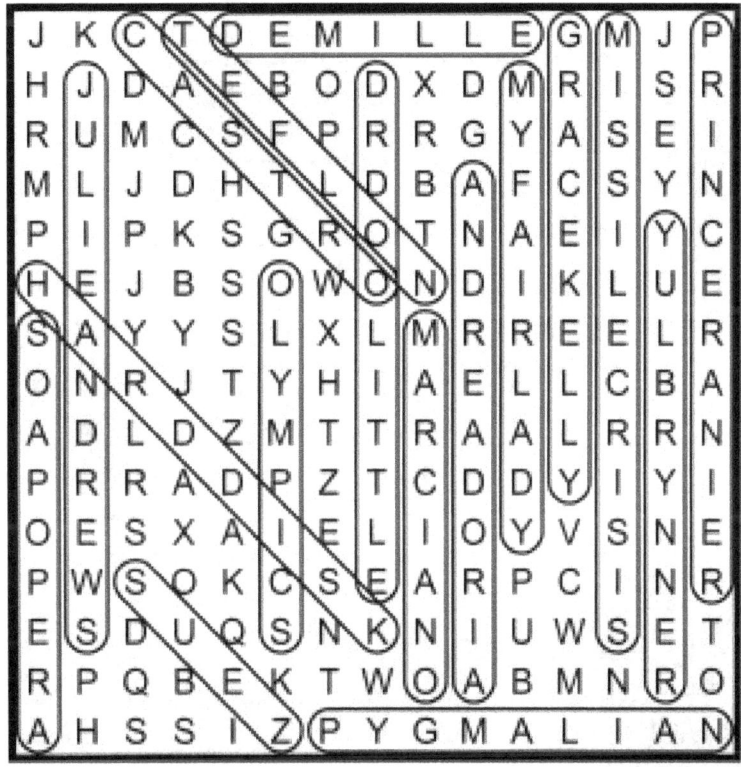

75

EVENTS AND PEOPLE OF THE YEAR 1957

EVENTS AND PEOPLE OF THE YEAR 1958

EVENTS AND PEOPLE OF THE YEAR 1959

POLITICS OF THE DECADE

MAJOR EVENTS OF THE DECADE

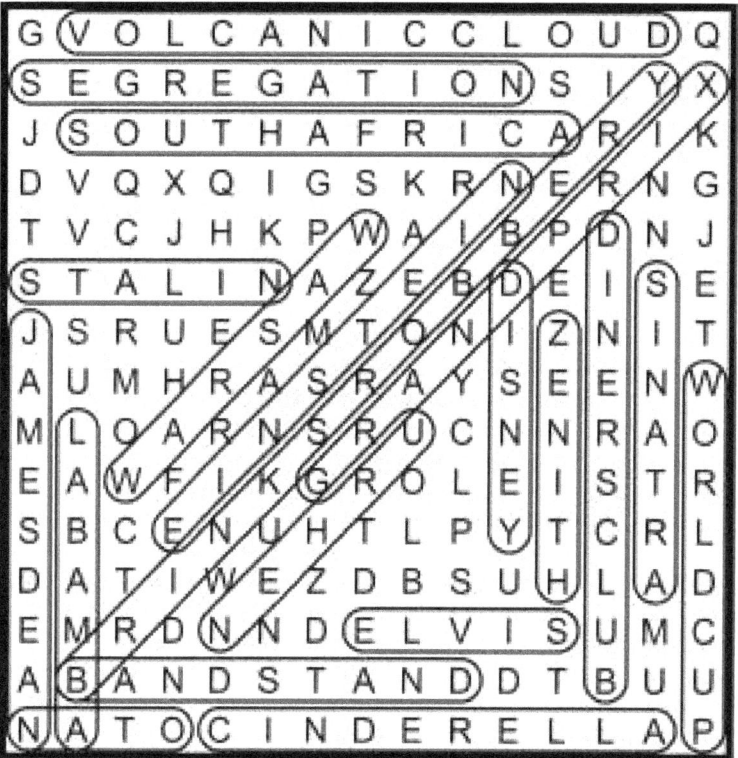

TONY AWARD WINNERS

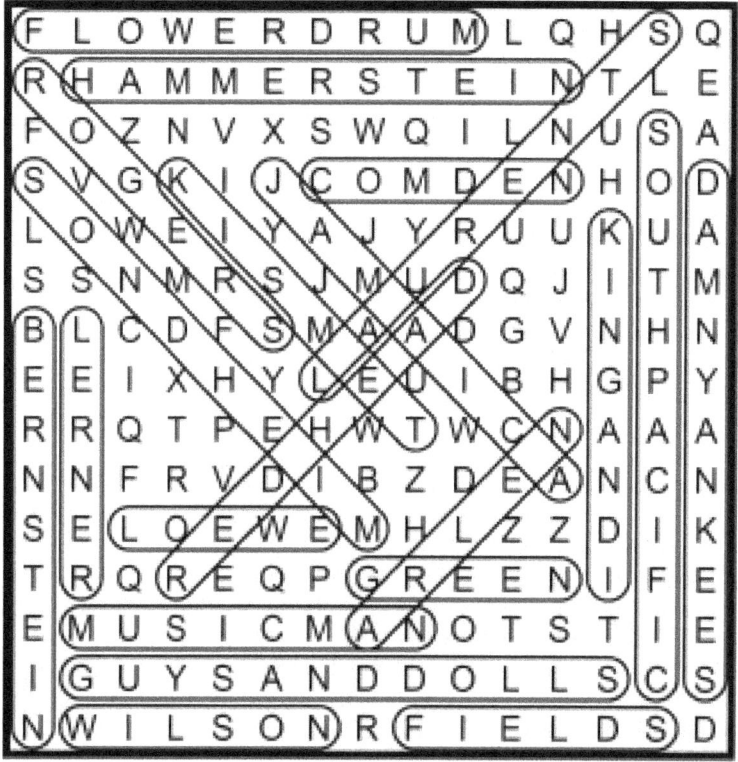

78

POPULAR FAMILY CARS

SINGERS OF THE 1950's

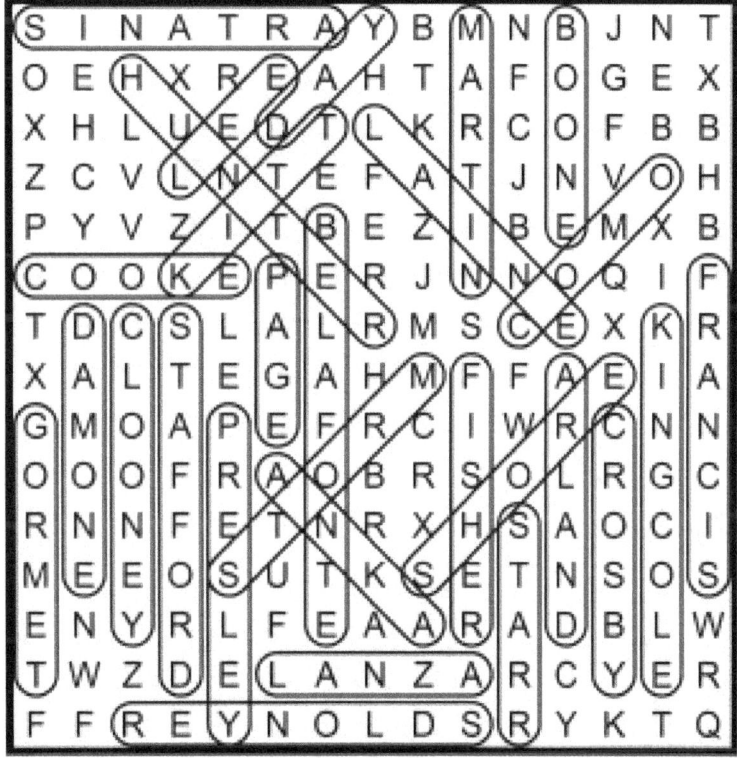

MUSIC GROUPS OF THE 1950's

BASEBALL PLAYERS IN THE 50's

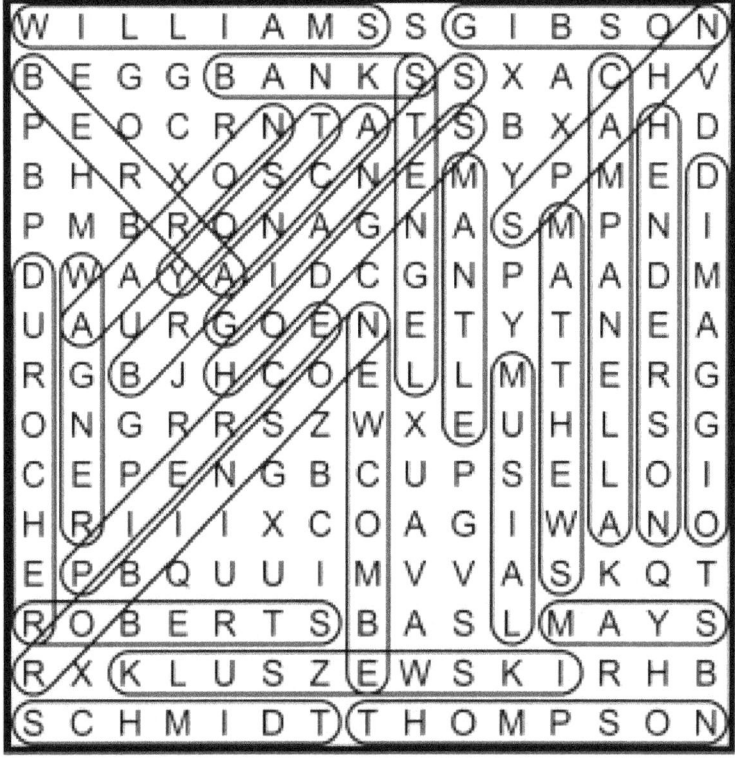

MOVIES

INVENTIONS FROM THE 1950's

ARTISTS OF THE FIFTIES (FAMOUS AND FAMOUS TO BE)

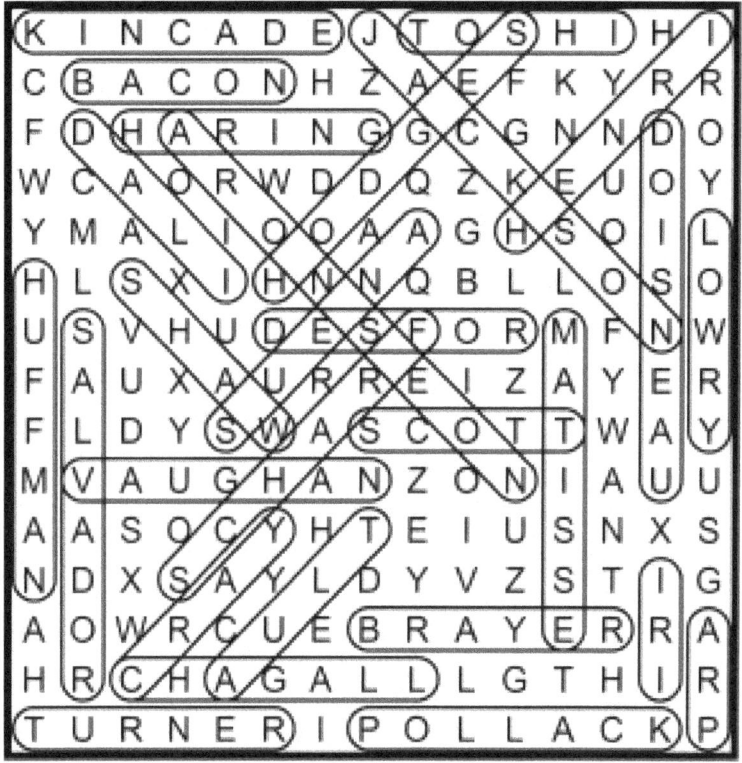

MOVIE STARS #1

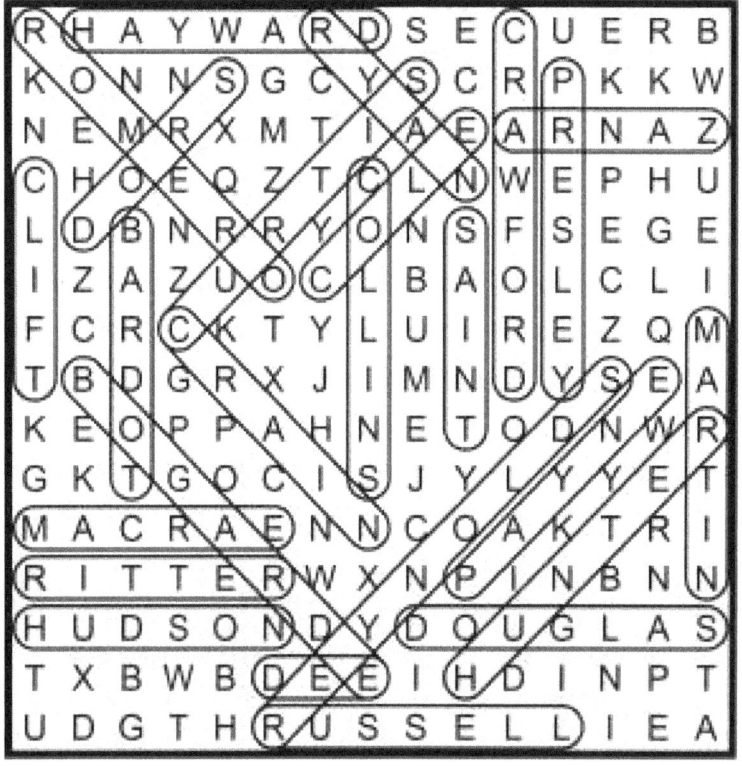

BASEBALL TEAMS

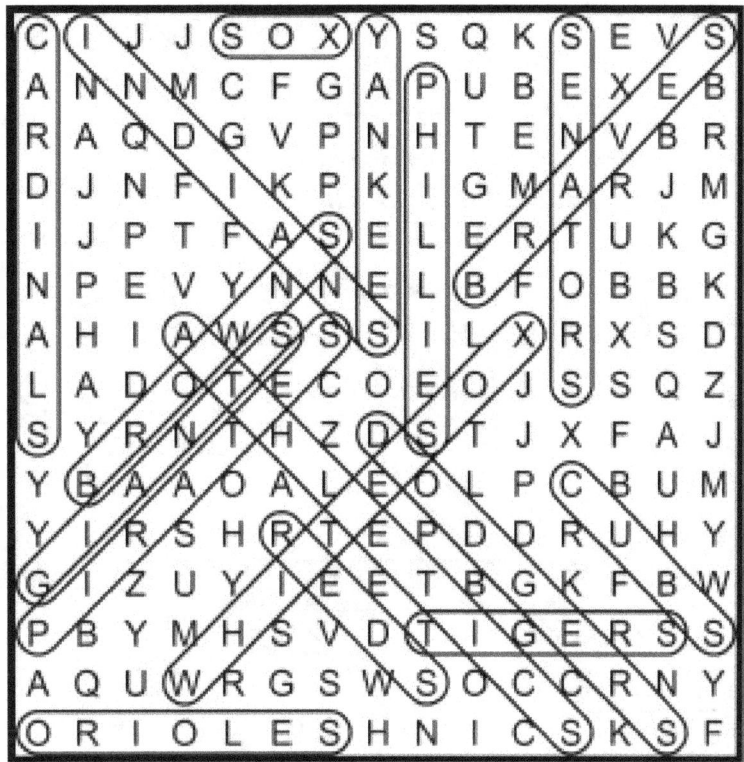

MOVIE STARS #2

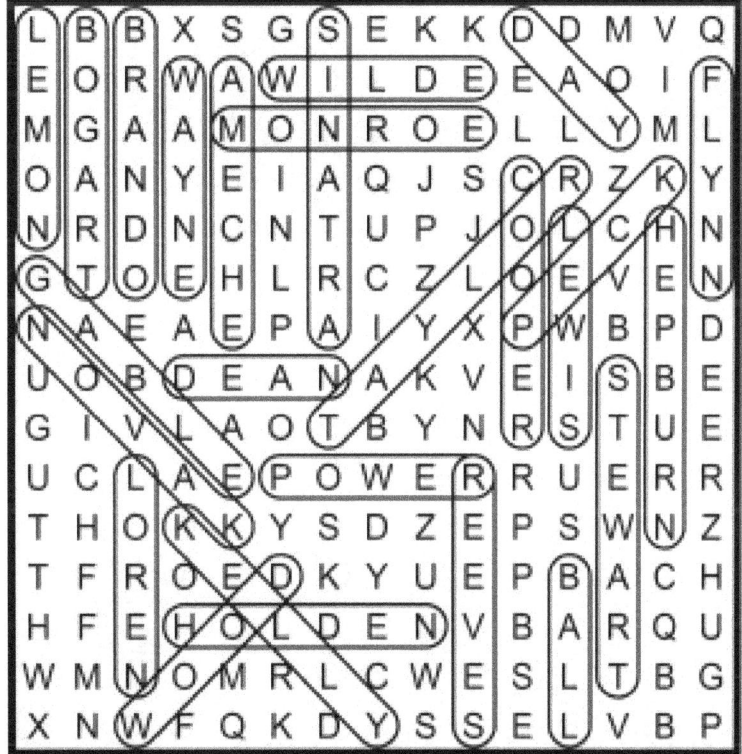

LUXURY CARS OF THE FIFTIES

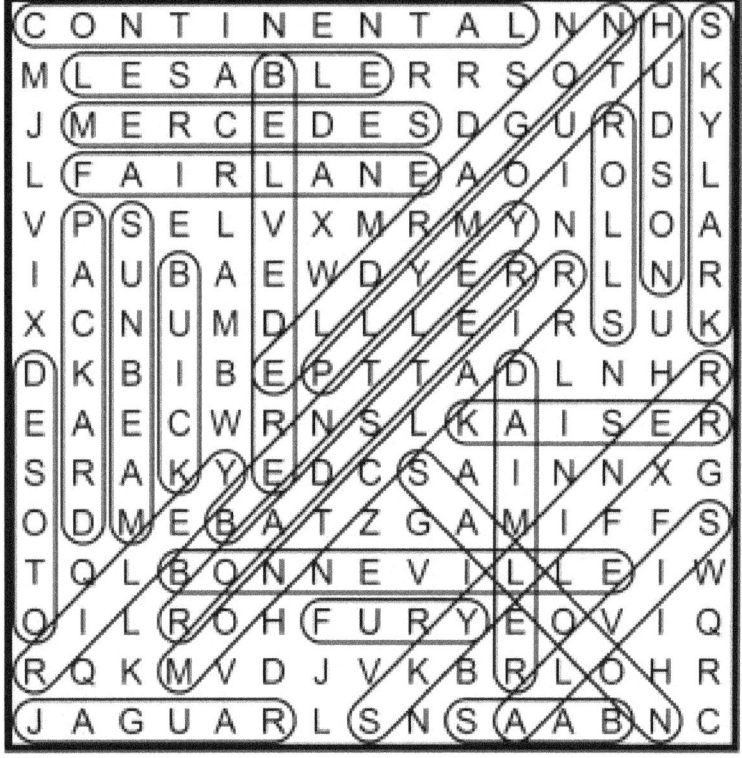

STYLES AND STYLING (SKIRTS, COATS, AND DRESSES)

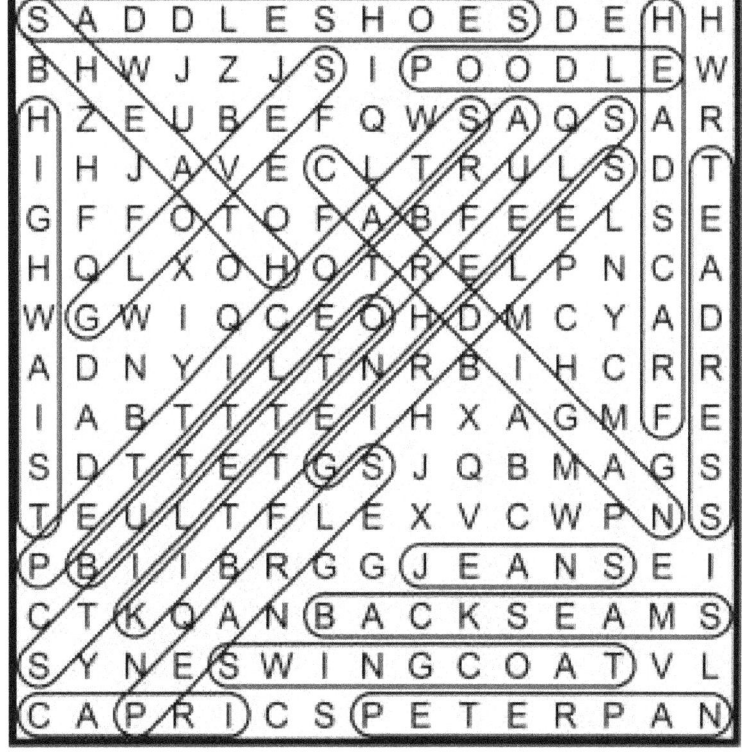

INVENTIONS AND DISCOVERIES OF THE 1950'S

SHOPPING IN THE 1950'S

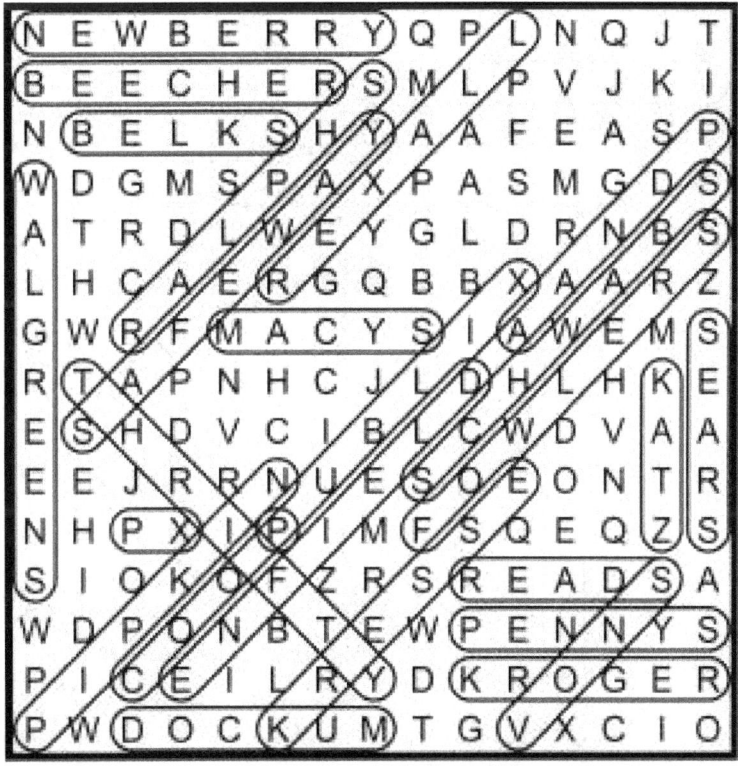

ADVERTISED BRANDS

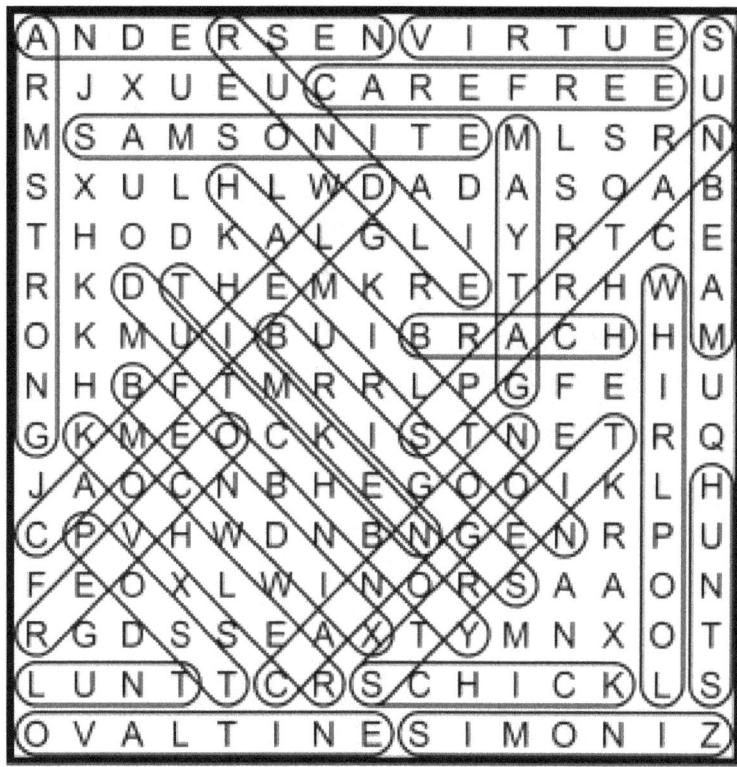

MORE POPULAR BRANDS

FLOWERS AND GARDENS

IT'S A BOY! POPULAR BABY NAMES FOR BOYS

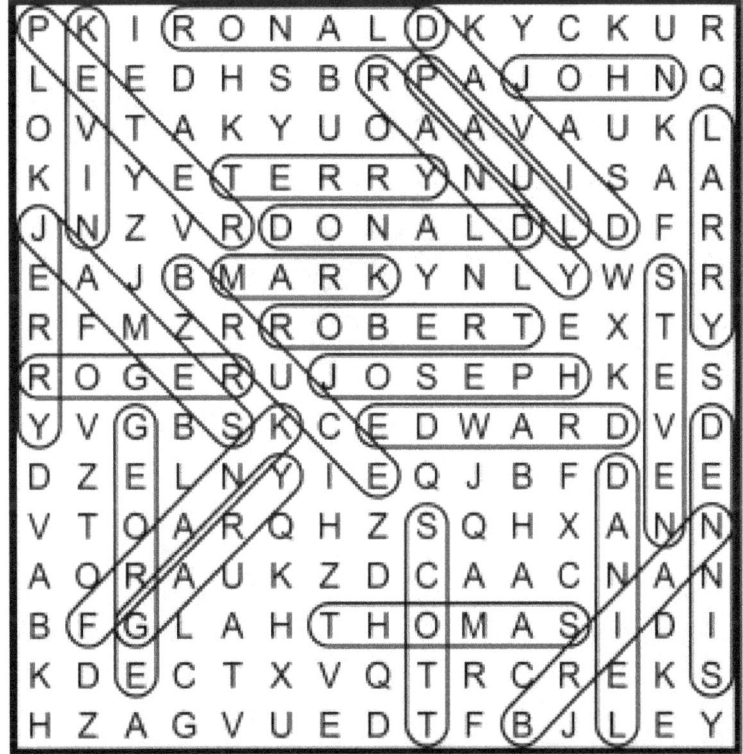

FIFTIES BASKETBALL

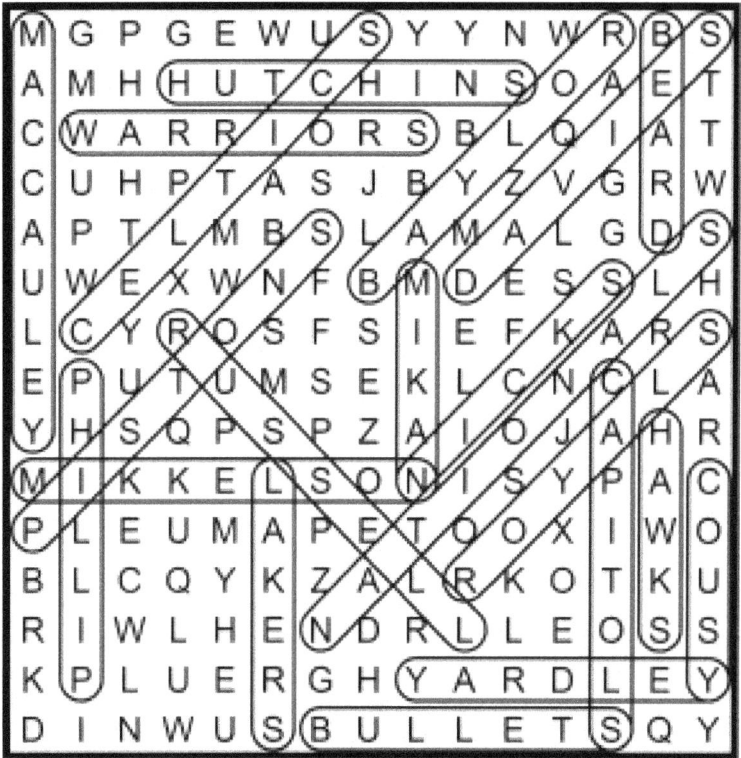

POPULAR GAMES AND SPORTS

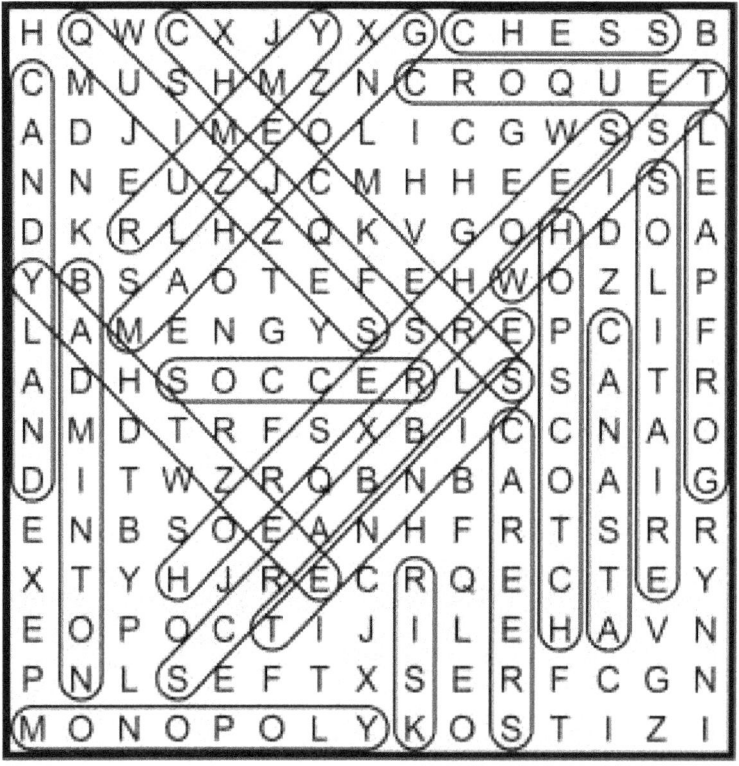

CARS POPULAR IN THE 1950's

SOME 1950's SLANG

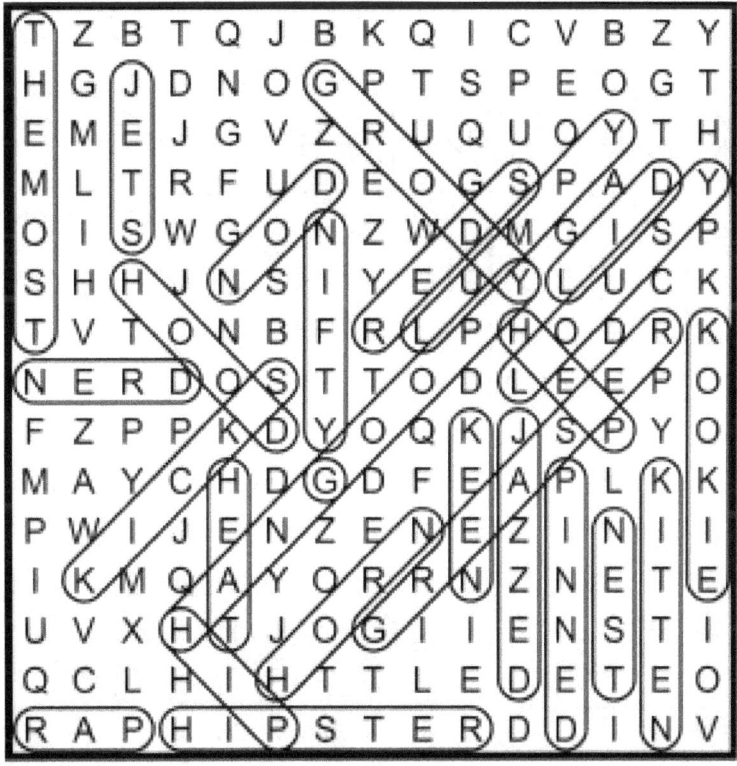

PEOPLE IN THE NEWS

1950's SLANG

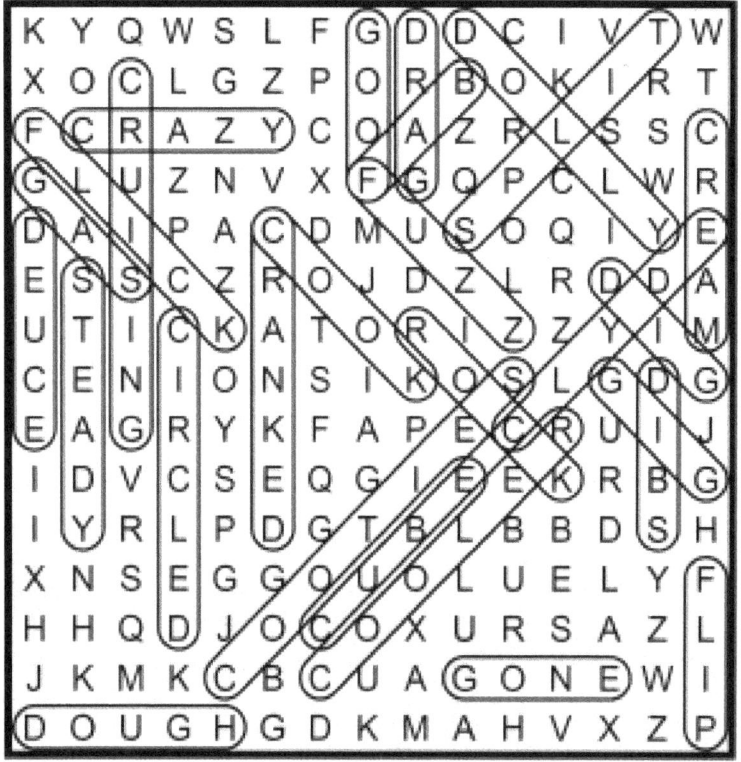

TOYS

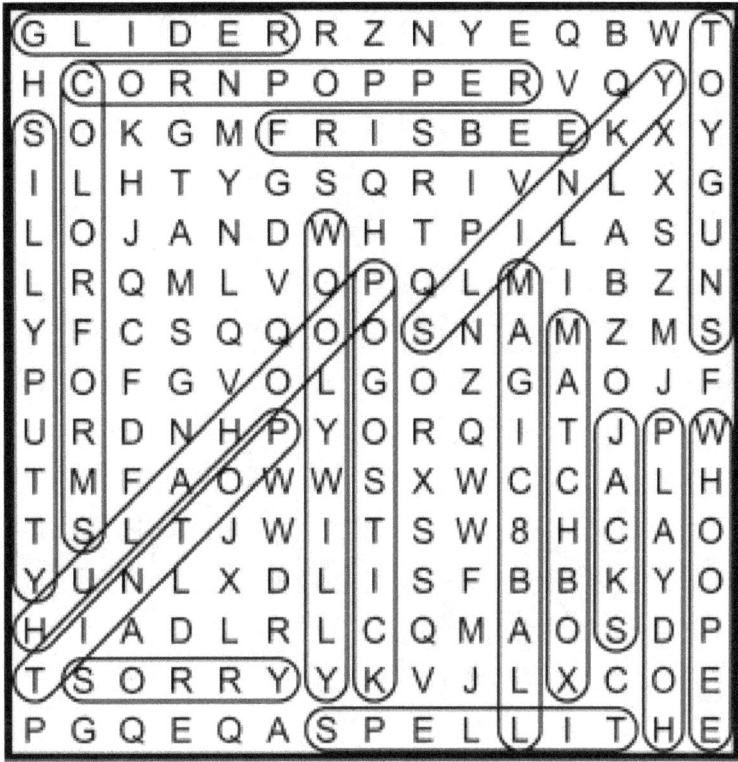

PEOPLE OF BROADWAY

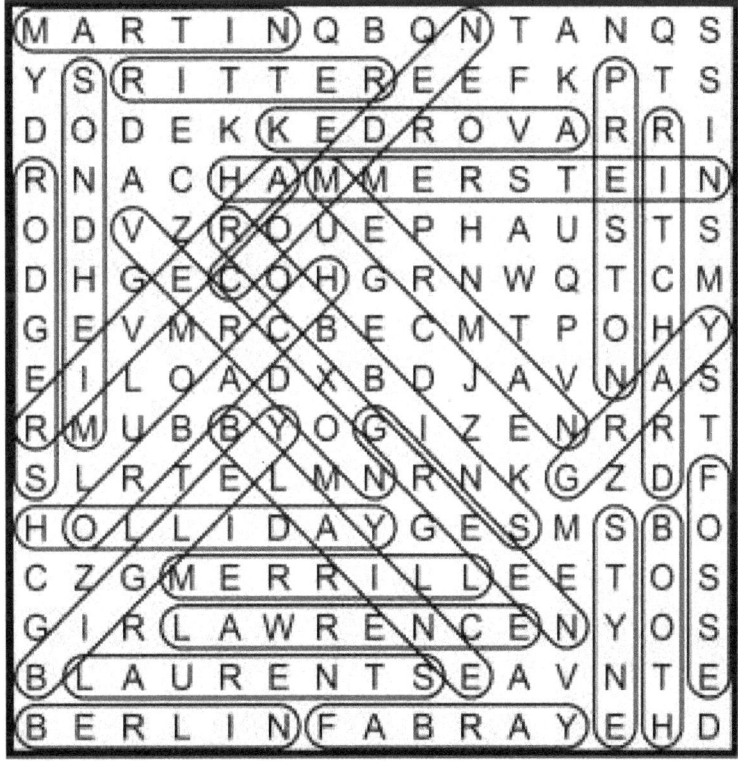

MORE 1950'S SLANG

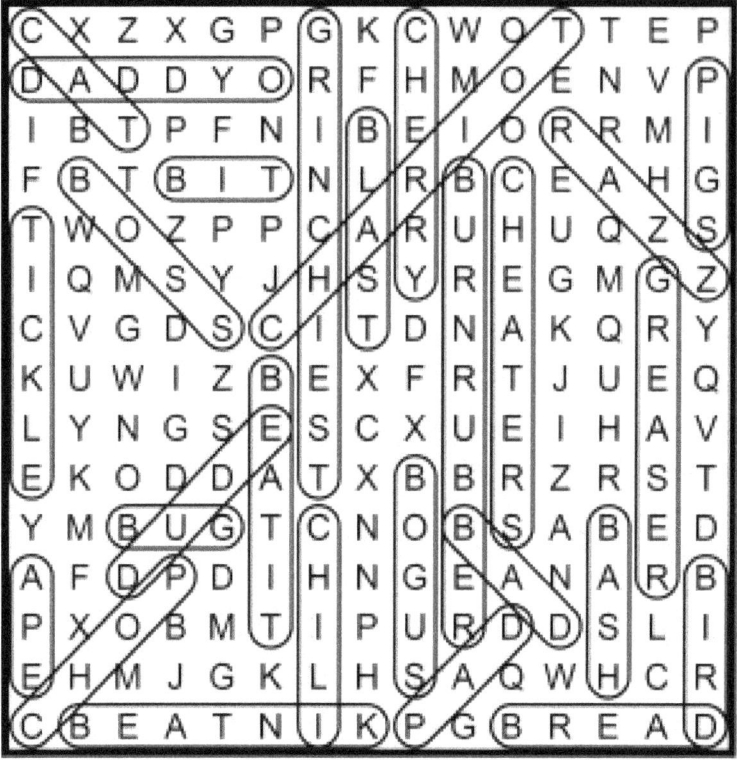

MORE TOYS OF THE 1950's

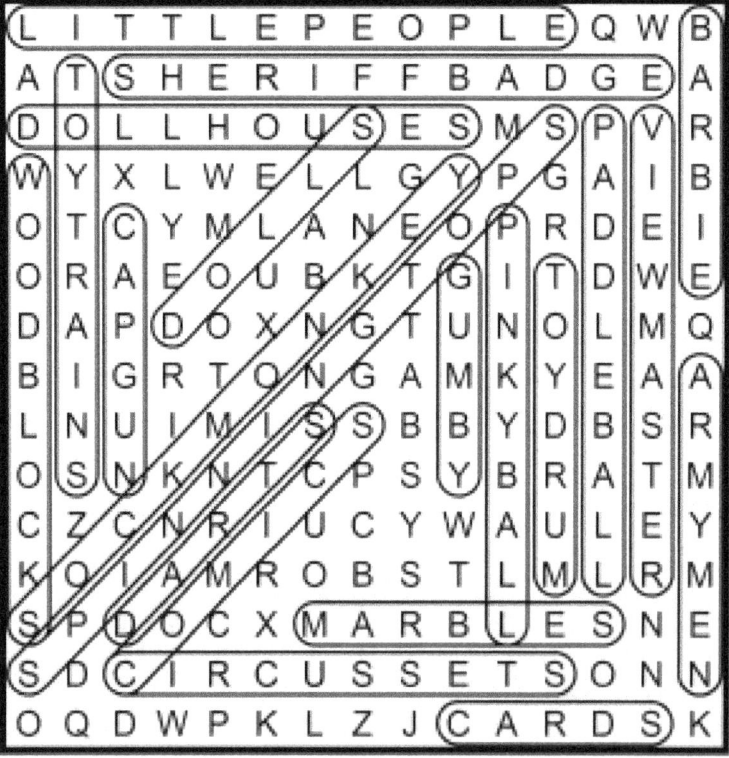

NOTEWORTHY HAPPENINGS

CELEBRITIES ON AND OFF THE SCREEN

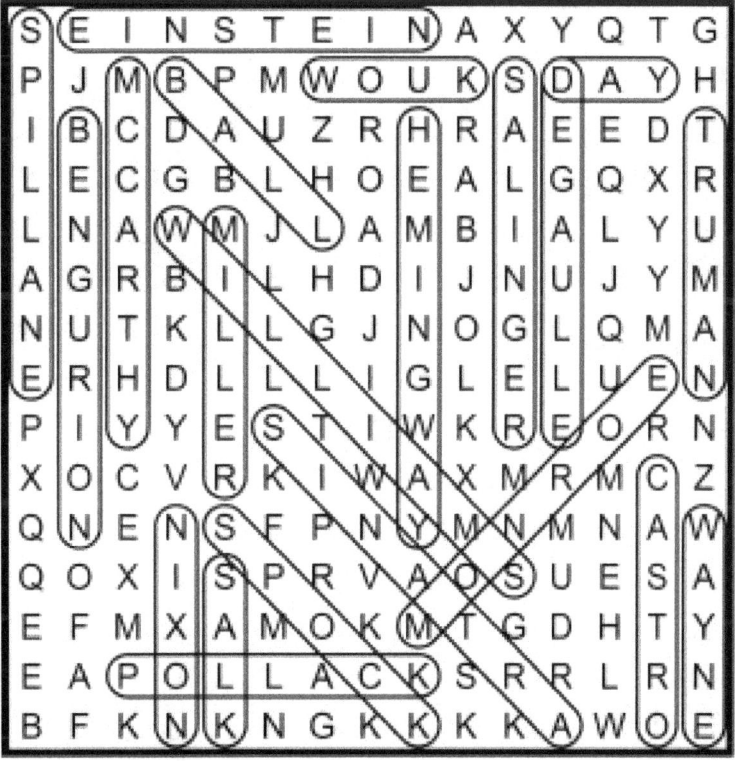

FAVORITE FOODS

CELEBRITY BIRTHS (THEY WENT ON TO BE FAMOUS)

End Note

Thank you for purchasing this book. We hope you enjoyed these puzzles. If you did, we would be grateful for a review. These matter more than you might think.

We'll be creating more word search, sudoku and crossword puzzle books. If you would like to be placed on the list for early book release discounts, please drop us an email.

Best,

Jenny Patterson and The Puzzler
OldTownPublishing@gmail.com

CPSIA information can be obtained
at www.ICGtesting.com
Printed in the USA
LVHW060203180620
658411LV00012B/314